#스크래치 코딩 알고리듬

수알치와 함께하는 프로그래밍 예제

#Scratch Programming; Basic Problems

도수서원

#스크래치 코딩 알고리듬

수알치와 함께하는 프로그래밍 예제

초판발행일 : 2017년 5월 17일

만든 사람들

기획 : 이미현
지은이 : 오상문
그린이 : 오지원
편집/디자인 : 박선영
제작/영업 : 최종현
미리 해본 친구들 : 서울도성초등학교 원서연, 원수연

펴낸이 : 원종호
펴낸곳 : 도수서원
출판등록 : 제2010-000145호
등록일자 : 2010년 5월 17일

우편번호: 06349
주소 : 서울특별시 강남구 밤고개로1길 10, 1329호 (수서동, 현대벤처빌)
전화 : 070-4131-5374
팩스 : 02-445-5374
이메일 : book@dssw.kr

저작권법에 의하여 도수서원 서면 동의 없이 무단전재와 복제를 금합니다.
책값은 표지에 있습니다.
잘못 만들어진 책은 구입하신 서점에서 교환해 드립니다.

ISBN
978-89-967255-8-9 13000

#Scratch Programming; Basic Problems.
by Sangmoon Oh.

Copyright © 2017 by Illustext Publishing (도수서원). Seoul, Korea.
All rights reserved.

머 리 말

"코딩은 다른 기술을 융합하고 선도하는 기술입니다."

소프트웨어를 활용하거나 코딩하는 능력은 문과, 이과 또는 이공계, 예능계가 따로 없습니다. 소프트웨어 코딩을 배우는 이유는 대부분 학문이나 업무 분야에서 코딩을 이해하거나 코딩 기술을 활용해야 하는 IT 기반의 시대가 되었기 때문입니다.

소프트웨어 코딩 교육을 단순히 "코딩" 기술을 배우는 것으로 오해하기도 합니다. 제 생각에는 초중고 소프트웨어 코딩 교육의 목적은 학생들의 문제분석 및 해결 능력, 창의력, 정보 활용 능력을 향상시켜서 IT 시대에 필요한 인재로 키우는 것이 아닐까 생각합니다.

스크래치는 유명한 IT 기업들의 지원을 받아서 MIT 대학에서 만든 어린이용 블록 코딩 교육 도구입니다. 레고 놀이처럼 블록을 이용한 코딩이므로 초등학생부터 일반 성인에 이르기 까지 부담 없이 배울 수 있는 훌륭한 교육 도구입니다. 이러한 스크래치를 이용하여 다양한 알고리듬 작성 능력을 향상시킴으로써 생각하는 능력과 문제 해결 능력을 발달시킬 수 있으며, 더 나아가 상위의 컴퓨터 언어를 배울 때도 큰 도움이 됩니다.

스크래치 교육을 진행하면서 학생들이 알아두면 좋은 문제를 정리 해왔는데, 이제 책의 출간을 통해 그 결실을 볼 수 있게 되어 기쁘게 생각합니다. 이 책의 리뷰를 진행한 원수연과 원서연 학생, 치킨 세 마리에 캐릭터 디자인을 해준 둘째 오지원, 그리고 이 책의 출간을 위해 고생하신 원종호 도수서원 대표님과 최종현 팀장에게 감사 드립니다.

끝으로 사랑하는 제자들 김래원, 김성현, 김재훈, 신성우, 오민우, 오재원, 전예준, 전유찬, 전진혁, 정기원, 정재용, 정진우, 정혜린, 천성민, 천세원, 최현준, 어태규, 홍준기 그리고 아이들 코딩 교육에 많은 관심을 갖고 계신 학부모 여러분, 또한 저와 함께 창의성 및 사고력 발달을 위한 융합교육을 선도하는 오레오 수학원장님에게 고마운 마음을 전합니다.

다산영재학원 대표 오 상 문

CONTENTS 목차

PART 1. 기초 문제 ·· 10

1) 화면에 "안녕하세요!" 말하기 ························· 12
2) 이름을 입력받고 말하기 ······························· 14
3) 입력받은 내용을 합쳐서 말하기 ······················ 17
4) 정수를 입력받고 배수를 말하기 ······················ 20
5) 입력받은 두 정수의 빼기 결과를 말하기 ············ 23
6) 난수(random number) 말하기 ························ 25
7) 입력받은 이름 10개를 리스트에 저장하고 말하기 ··· 27
8) 올림(천장)과 내림(바닥) 기능을 사용하기 ·········· 30
9) 변수에 저장된 숫자의 곱을 "A×B = 결과" 형식으로 말하기 ········ 33
10) 두 점을 잇는 선 그리기 ······························ 35

PART 2. 실력향상 문제 ···································· 42

1) 점수를 입력받고 구간별로 말하기 ···················· 44
2) 난수를 여러 개 만들고 그 합을 말하기 ············· 46
3) 사각형 가로, 세로를 입력받고 넓이(면적) 말하기 ·· 48
4) 전화번호에서 '-'를 빼고 말하기 ······················ 50
5) 숫자와 점이 섞인 문장에서 숫자들의 합을 말하기 · 52
6) 정수를 X, Y 변수에 입력받고 3X + 2Y 계산하여 말하기 ········ 54
7) 정수 2개를 입력받고 각 정수의 제곱을 합하여 말하기 ·········· 56
8) 숫자들을 입력받고 평균을 말하기 ···················· 58
9) 입력한 숫자가 X일 때, X-1의 세제곱 말하기 ····· 60
10) 입력된 점수 중에서 가장 큰 점수 말하기 ·········· 62
11) 입력된 숫자 중에서 가장 큰 수와 작은 수의 차이 말하기 ······ 64
12) 달린 거리의 합계와 평균을 말하기 ·················· 66
13) 다람쥐가 하루에 먹을 수 있는 도토리 숫자 말하기 ············· 68
14) 도서관에서 빌린 책의 과태료(벌금) 말하기 ········ 70

CONTENTS 목차

15) 빵을 살 수 있는 가격 말하기 ··· 72
16) 숫자를 입력할 때마다 계속 합하여 말하기 ······················· 74
17) 사칙연산 결과 말하기 (단, 0으로 나눌 때 오류 처리하기) ········ 76
18) 이름을 입력받고 존재하는 이름이면 다시 입력받기 ············ 80
19) 구구단의 단을 입력받고 말하기 ······································ 82
20) 학생들의 이름과 점수를 입력받고 그 이름과 평균 말하기 ······ 84
21) 선거 후보자들의 득표율 말하기 ······································ 87
22) 35년간 공부한 시간을 말하기 ·· 89
23) 두 정수 x, y를 입력받고 $\sqrt{x^2+y^2}$ 계산 결과 말하기 ············ 91
24) 다섯 자리 숫자를 입력받고 앞 두 자리와 뒤 세 자리 말하기 ········ 93
25) 소수점 이하 세 자리에서 반올림하여 말하기 ···················· 96
26) 1에서 100까지 각 숫자의 세제곱 말하기 ·························· 98
27) 1:5,000 축척지도에서 거리 계산하기 ······························ 100
28) 직사각형의 밑변과 넓이(면적)를 이용하여 높이 말하기 ······· 102
29) 구의 체적을 이용하여 구의 반지름 말하기 ······················ 104
30) 자연로그 값을 ln 기능으로 말하기 ································· 106
31) 복리로 저축했을 때 나중에 받는 돈 말하기 ···················· 108
32) 경사진 언덕을 걸어갔을 때 올라간 높이 말하기 ··············· 110
33) 두 지점에서 본 피라미드의 각도와 거리를 이용하여 높이 말하기 ······· 112
34) 두 숫자를 X, Y에 입력받고 X의Y승과 자릿수 말하기 ········· 114
35) 정수를 입력받고 양수, 음수, 또는 0 말하기 ···················· 117
36) 양수를 입력받고 사칙연산 결과와 결과 합 말하기 ············ 119
37) 양수 N의 팩토리얼(1×2×3×…×N) 값 말하기 ················· 122
38) 구의 지름을 입력받고 구의 표면적 말하기 ······················ 124
39) 구의 지름을 입력받고 구의 부피 말하기 ························· 126
40) 제곱 값이 500을 넘지 않는 가장 큰 수 말하기 ················ 128
41) 짝수 합 말하기 ·· 131
42) 홀수 합 말하기 ·· 134
43) 배수 합 말하기 ·· 137

CONTENTS 목차

44) 숫자들이 출현한 횟수 말하기 ·· 140
45) 모든 단위가 같은 숫자인 수를 말하기 ·· 144
46) 리스트에 있는 음수 합 말하기 ·· 146
47) 헤론의 공식을 이용하여 삼각형 넓이(면적) 말하기 ···················· 148
48) 두 배씩 증가하는 저축 금액 말하기 ·· 151
49) 1에서 N까지 합이 1,000을 넘어가는 가장 작은 정수 말하기 ········· 153
50) 1에서 N까지 합이 10,000을 넘지 않는 가장 큰 정수 말하기 ········· 155
51) 세 숫자의 중간 수 말하기 ··· 157
52) 받은 용돈을 쓸 수 있는 날짜 구하기 ·· 160
53) 숫자를 입력받고 정수와 실수를 구분하여 말하기 ······················ 162
54) 정사각형 한 변의 길이를 입력받고 꼭짓점에서 중심까지 거리 말하기 ······· 164
55) 숫자를 입력받고 오름차순으로 정렬하여 말하기 ························ 166
56) 점수들을 입력받고 평균과 중간 값을 말하기 ···························· 169
57) 숫자 값들의 평균, 분산(흩어짐), 표준편차 말하기 ···················· 171
58) 두 숫자를 입력받고 함수에 대입하여 말하기 ···························· 174
59) 난수를 100개 만들고, 발생한 숫자와 그 개수 말하기 ·············· 177
60) 추정 값을 예상하여 맞추는 게임 만들기 ··································· 179
61) 2017/10/10 형식을 2017년10월10일 형태로 말하기 ··················· 181
62) 성과 이름을 입력받고 이름 끝을 별표(*)로 처리하여 말하기 ········ 184
63) 두 자리 이상의 정수 값을 거꾸로 말하기 ································· 186
64) 10진수 정수를 16진수로 바꾸어 말하기 ···································· 188
65) 연도를 입력받고 윤년인지 아닌지 말하기 ································· 192
66) 계절별 어린이 교통사고 발생률 말하기 ····································· 193
67) 시:분:초 형식으로 현재 시간을 계속 보여주기 ························· 196
68) 오늘 날짜와 요일을 'yyyy년 mm월 dd일, 월요일'처럼 보여주기 ····· 198
69) $A^2+B^2=C^2$을 만족하는 A, B, C 숫자 말하기 ························· 201
70) 10진수를 8진수로 말하기 ·· 203
71) 세 점의 좌표를 지나는 원의 중심을 말하기 ····························· 205
72) 종이를 몇 번 접어야 지구에서 달까지 연결되는지 말하기 ·········· 208

CONTENTS 목차

PART 3. 그래픽 문제 ·················· 212
  1) 세 점을 잇는 직각삼각형을 그리고 넓이(면적) 말하기 ·················· 214
  2) 네 점을 잇는 직사각형을 그리고 넓이(면적) 말하기 ·················· 216
  3) 직사각형의 높이와 넓이(면적)를 입력받아 그리기 ·················· 218
  4) 0 ~ 360도 사인 그래프 그리기 ·················· 220
  5) 0 ~ 720도 코사인 그래프 그리기 ·················· 222
  6) -90 ~ 90도 탄젠트 그래프 그리기 ·················· 224
  7) $y = x^2$ 함수의 그래프 그리기 ·················· 226
  8) $y = \log(x)$ 함수의 그래프 그리기 ·················· 228
  9) 집을 선으로 그리기 ·················· 230
  10) 자연 log X 계산 결과를 그래프로 그리기 ·················· 232
  11) 바닥과 빗변 각도를 이용한 직각삼각형 그리기 ·················· 235
  12) 정오각형 그리기 ·················· 237
  13) 정육각형 그리기 ·················· 239
  14) 반지름을 이용하여 원 그리기 ·················· 241
  15) 학생들이 태어난 달을 기준으로 막대그래프 그리기 ·················· 243
  16) 계절별 어린이 교통사고 꺾은선 그래프 그리기 ·················· 246

PART 4. 고급 예제 ·················· 252
  1) 아날로그 시계 만들기 ·················· 254
  2) 풍선 맞춘 점수 알려주기 ·················· 256
  3) 메뉴를 이용하여 기능 처리하기 ·················· 261
  4) 에라토스테네스 체를 이용하여 소수 말하기 ·················· 267
  5) 재귀호출을 이용하여 그래픽 출력하기 ·················· 272
  6) 하노이 탑 계산하기 ·················· 275
  7) 미로를 탈출하는 쥐 구현하기 ·················· 277

부 록 ·················· 282

Scratch Programming

PART I

기초 문제

PART I ◆ 기초 문제

이번 파트에서는 스크래치 블록 코딩에서 기본으로 알아야 하는 입출력 예제 등을 다룹니다. 예제 진행에 앞서서 먼저 스크래치 실행 화면의 구조를 살펴보고 넘어가겠습니다.

❶ 상단의 지구본(언어 선택) 아이콘을 클릭하여 한국어, 영어를 비롯한 다양한 언어를 선택할 수 있습니다.

❷ 파일 메뉴에서는 작성 중인 스크래치 파일을 저장하거나 저장된 스크래치 파일을 불러올 수 있습니다. '도움말'이나 '스크래치란'을 선택하면 온라인 도움말을 살펴볼 수 있습니다.

PART I ❖ 기초 문제

❸ 스크립트 내용이 실행되거나 스프라이트(예를 들어, 고양이 캐릭터)가 움직이는 공간입니다.

❹ 녹색 깃발을 누르면 스크립트가 실행됩니다.
붉은색 원을 누르면 스크립트가 중지됩니다.

❺ 도장 아이콘을 선택하고 실행 공간에 있는 스프라이트를 선택하면 복제본이 만들어집니다.
가위 아이콘을 선택하고 실행 공간에 있는 스프라이트를 선택하면 삭제됩니다.
확대 아이콘을 선택하고 실행 공간에 있는 스프라이트를 선택하면 커집니다
(여러 번 가능).
축소 아이콘을 선택하고 실행 공간에 있는 스프라이트를 선택하면 작아집니다
(여러 번 가능).
물음표 아이콘을 선택하고 스크립트에 있는 블록이나 화면 특정 위치를 선택하면 해당 도움말이 나타납니다.

❻ 스크립트를 작성하는 편집 창입니다.
스크립트 블록을 이곳에 끌어가서 놓을 수 있습니다. 편집 창의 블록을 삭제하려면 블록을 스크립트 블록 창으로 끌어가서 놓으면 사라집니다.

❼ 빼기 아이콘은 편집 창의 스크립트 블록 크기를 작게 보여줍니다.
더하기 아이콘은 편집 창의 스크립트 블록 크기를 크게 보여줍니다.
'=' 블록을 우측클릭하고 '블록 정리하기'를 선택하면 편집창의 블록을 정렬시켜줍니다.

❽ 사용할 수 있는 다양한 스크립트 블록을 제공합니다. 모양이나 소리 탭을 눌러서 스프라이트 모양이나 소리를 편집, 선택, 삭제할 수 있습니다.

❾ 편집할 스프라이트를 선택할 수 있습니다. 이 창의 우측 상단 아이콘을 이용하면 새로운 스프라이트를 가져오기, 그리기, 파일에서 불러오기, 사진으로 촬영하여 가져오기 등이 가능합니다.

❿ 배경(무대)을 선택할 수 있습니다. 이 창 아래의 아이콘을 이용하면 새로운 배경을 가져오기, 그리기, 파일에서 읽어오기, 사진으로 촬영하여 가져오기를 할 수 있습니다.

01 화면에 "안녕하세요!"를 말하세요.

스크립트 [형태]에 있는 '~ 말하기' 블록을 이용한 출력 예제입니다. 말하기 외에도 '~ 생각하기' 블록도 있는데 말풍선 모양이 다릅니다. 그리고 일정한 시간만큼 말하려면 '~을(를) ~초 동안 말하기' 블록을 사용하세요.

실 행 화 면

PART I 기초 문제

주 의

'~ 말하기' 블록은 화면에 출력하기 때문에 [소리] 블록이 아니라 [형태] 블록에 있습니다.

데 이 터

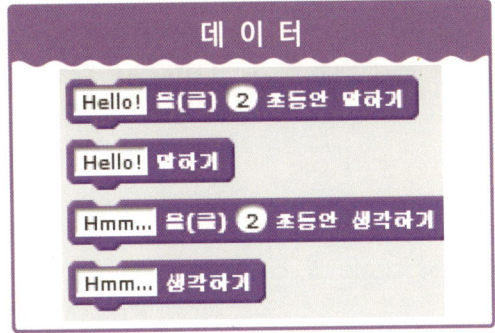

스크립트

• 스프라이트 복사하기 •

스프라이트 선택 창에서 복제할 스프라이트를 선택하고 우측클릭하여 '복사' 명령을 선택합니다. 그러면 스크립트까지 모두 복사됩니다.

02 이름을 입력받고 그 이름을 화면에 말하세요.

입력받으려면 스크립트 [관찰]에 있는 '~묻고 기다리기' 블록을 이용합니다.
입력한 내용은 '대답' 블록에 저장되어 있습니다.

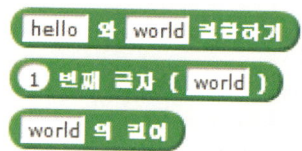

문자열이나 변수(대답 블록 포함)에 저장된 값을 여러 개 연결하여 출력할 때는 스크립트 [연산]에 있는 '~와 결합하기' 블록을 이용하세요. '~와 결합하기' 블록 아래에 있는 '~번째 글자'를 이용하면 내용의 특정 위치에 있는 글자를 알아낼 수 있으며, '~의 길이' 블록은 문자열의 길이를 알려줍니다.

●연산 블록 결합할 때 위치에 주의하세요●

연산 블록을 결합할 때 조합에 따라서 다른 결과 값이 나올 수 있습니다. 다음 예처럼 두 가지 연산 블록 조합 (1), (2)는 비슷해 보이지만 다른 값을 제공합니다.

(1) 조합은 100+10를 계산한 값을 10으로 나누고 맨 앞의 10과 더한 결과이므로 21입니다.
그런데 (2) 조합은 100+10과 10/10을 더한 결과이므로 111입니다.

(1)　　　　　　　　　　(2)

PART I 기초 문제

실 행 화 면

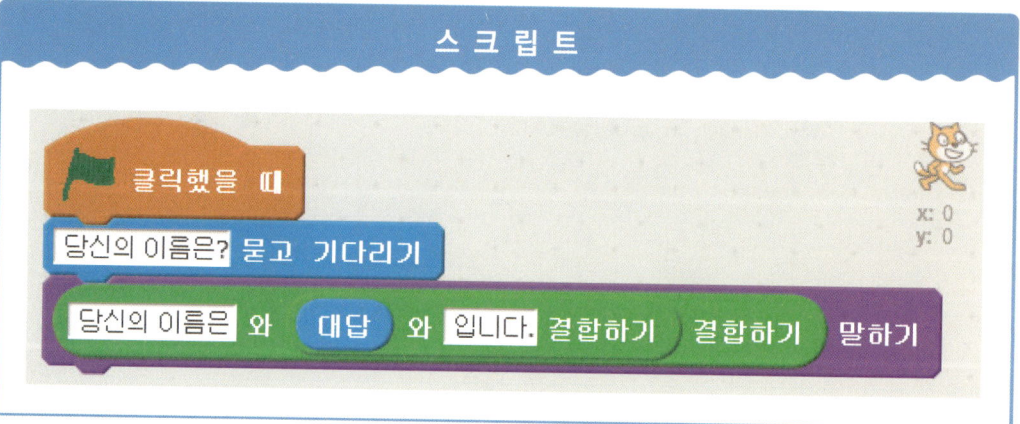

스크립트 블록 복사하기

복사할 스크립트 블록에서 우측클릭을 하여 '복사' 명령을 사용할 수 있습니다.

(1) 현재 스프라이트 안에서 복사하는 경우에는 복사할 블록에서 우측클릭을 하고 복사 명령을 선택합니다.

(2) 다른 스프라이트에 복사하려면 좌측 하단의 스프라이트 선택 창에 있는 스프라이트 위로 끌고 가서 놓으면 됩니다(드래그&드롭). 현재 스프라이트의 기존 블록은 사라지지 않고 남아 있습니다.

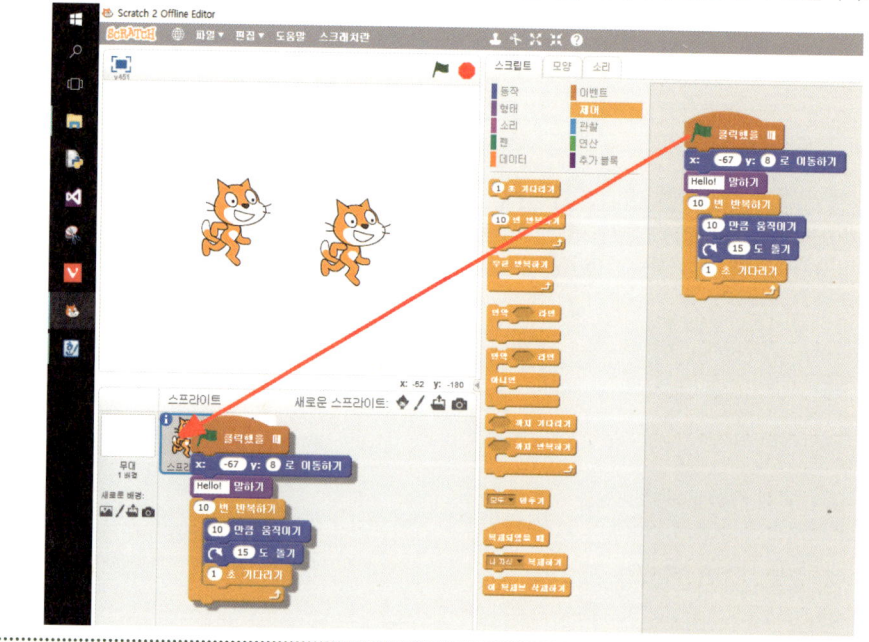

PART I 기초 문제

"대한민국"과 "만세"를 입력받고, 두 내용을 합쳐서 "대한민국 만세" 처럼 말하세요.

'~와 결합하기'에서 빈칸을 넣고 싶으면, 예제 스크립트처럼 빈 공백을 입력한 결합하기를 이용합니다.

실 행 화 면

·······●스크래치에서 사용할 수 있는 이미지, 오디오 파일의 형식 ●·······
스크래치에 이미지나 오디오 파일을 추가할 때는 스크립트를 중지한 상태에서 작업해야 합니다. 스크래치에서 사용 가능한 파일 확장명은 다음과 같습니다.
- 이미지 파일: .png, .jpg
- 오디오 파일: .wav, .wma, .aif, .au

PART I 기초 문제

주 의

'~와 결합하기' 블록에서 공백문자가 들어간 것과
아무것도 입력하지 않은 것은
눈으로 구분하기 어려우므로 주의합니다.
공백 부분을 클릭하고 커서가 옆으로 움직이는
공간이 있으면 공백문자가 들어간 상태입니다.

데 이 터

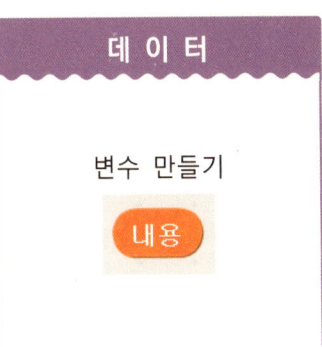

스 크 립 트

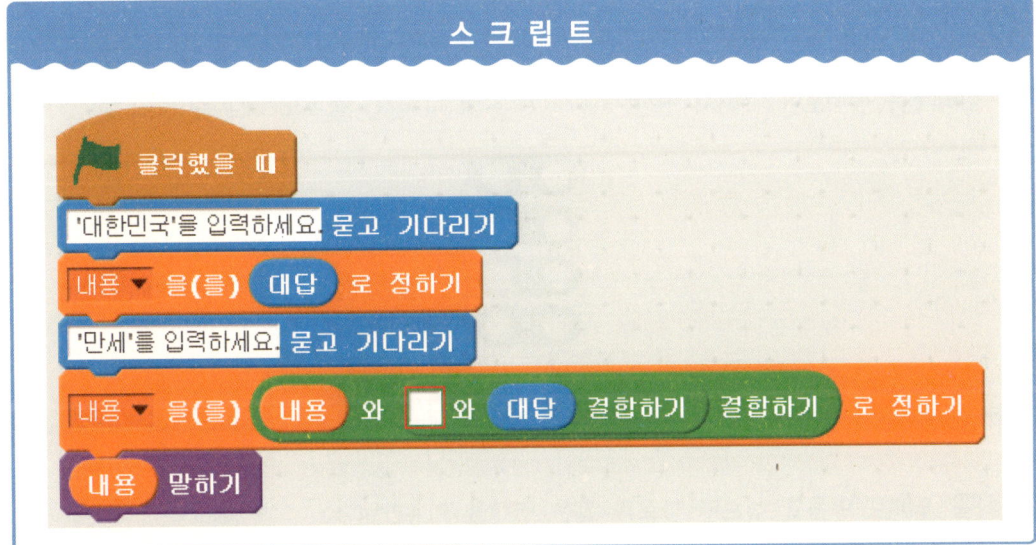

04 정수 숫자 하나를 입력받아서 그 값의 두 배를 말하세요.

'~ 묻고 기다리기' 블록과 연관하여 사용하는 '대답' 블록도 일반 변수처럼 사용할 수 있습니다.

다만, 새 질문을 해서 입력받으면 그 내용이 달라질 수 있다는 점에 주의합니다.

사칙연산을 위한 계산 블록은 스크립트 [연산]에서 제공됩니다.

그 아래쪽을 살펴보면 나머지 연산(~ 나누기 ~의 나머지) 블록도 제공됩니다.

숫자를 두배로 만들고 싶으면 다음과 같은 연산을 이용합니다.

[방법 1] 숫자 * 2.

[방법 2] 숫자 + 숫자

● 국가별 언어 설정하기 ●

스크래치는 다양한 언어를 지원합니다.
언어 설정을 변경하려면 스크래치 상단 메뉴에서 지구본 모양을 선택합니다.
우리나라 말을 사용하려면 언어 목록의 아래쪽에 있는 '한국어'를 지정하세요.

PART I 기초 문제

실 행 화 면

스크립트

- 🏁 클릭했을 때
- 숫자를 입력하세요. 묻고 기다리기
- 입력한 값의 두 배는 와 대답 * 2 와 입니다. 결합하기 결합하기 말하기

• 모양 편집기에서 텍스트 입력과 영문 글꼴 변경하기 •

모양 편집 화면에서 T 기능을 선택하고 영역을 선택한 후에 글자를 입력할 수 있습니다. 단, 텍스트 입력 시 한글은 입력할 수 없습니다. 입력 상태가 기본이 '한글'이므로 한영 전환키를 눌러서 영문 상태로 변경하고 글자를 입력해야 합니다.

영문 글자의 글꼴을 변경하려면, 아래에 있는 '폰트:' 영역에서 역삼각형을 클릭하고 새로운 글꼴을 선택하세요.

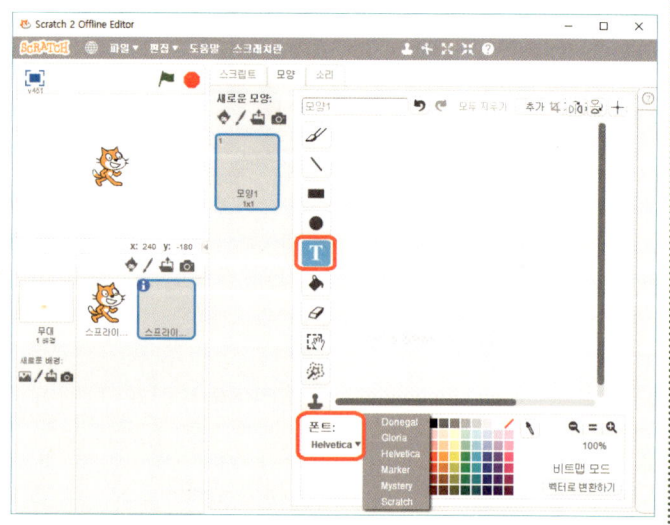

PART I 기초 문제

 정수 숫자 두 개를 입력받고, 처음에 입력한 수에서 다음에 입력한 수를 뺀 값을 말하세요.

여러 개를 입력받거나, 계산에 여러 정보를 담아서 사용해야 하는 경우에 스크립트 [데이터]에 있는 '변수 만들기'나 '리스트 만들기' 이용하여 변수/리스트를 만들어서 사용합니다. 새로 만드는 변수나 리스트 이름에 한글이나 영어, 숫자를 사용할 수 있습니다. 변수는 값을 한 개씩 다룰 수 있고, 리스트는 여러 개의 값을 다룰 수 있습니다.

실 행 화 면

숫자를 입력하세요.

10

23

데이터

변수 만들기

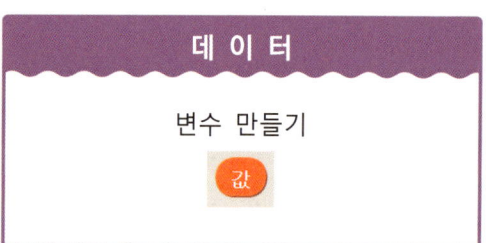

스크립트

PART I 기초 문제

06 0~100 사이의 난수(무작위 숫자) 5개를 말하세요.

난수(random number)는 규칙 없이 발생하는 무작위 숫자입니다. 난수를 만들고 싶으면 스크립트 [연산]에 있는 '~부터 ~ 사이의 난수' 블록을 이용합니다.

예를 들어, 1에서 10 사이의 난수를 가져오려면 다음처럼 범위 숫자를 지정하면 됩니다.

실행화면

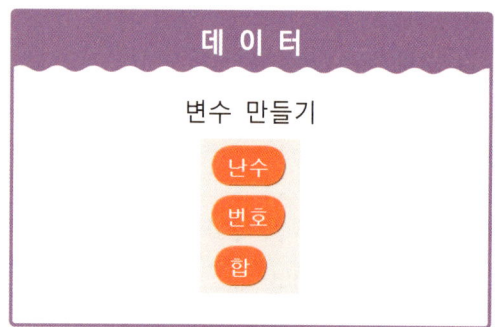

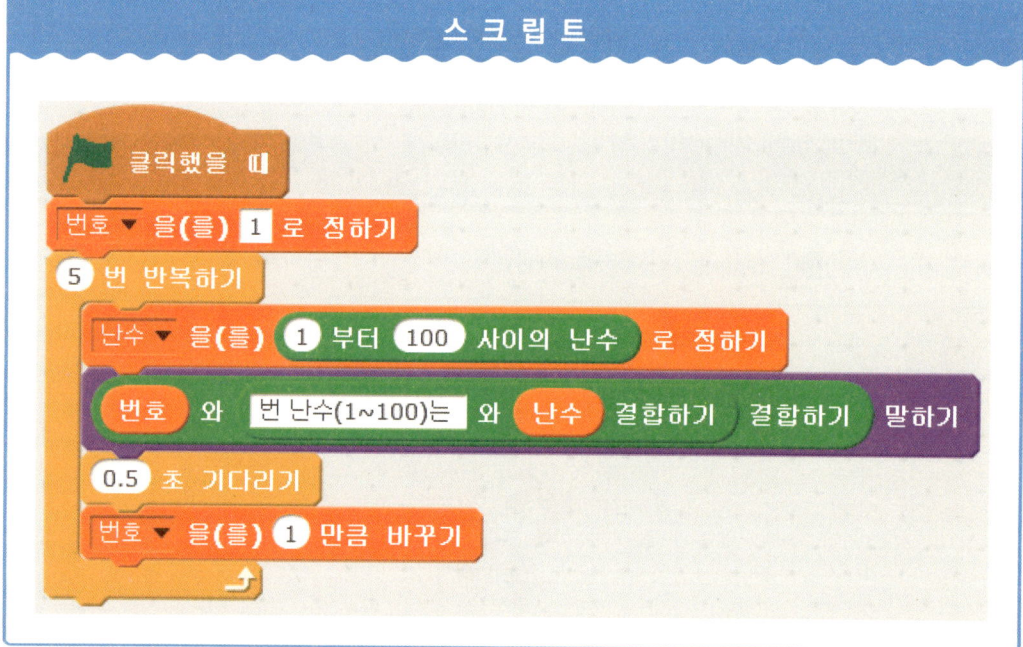

•────● 스크립트 실행 화면의 확장과 축소 ●────•

실행화면 왼쪽 위에 있는 확장 아이콘을 클릭하면 스크립트 실행화면이 전체 화면으로 확대됩니다. 반대로 전체 화면 상태에서 축소 아이콘을 클릭하면 이전 상태로 되돌아갑니다.

확장 아이콘 :   축소 아이콘 :

PART I 기초 문제

이름 열 개를 입력받아서 리스트에 저장하고, 그 이름을 순서대로 말하세요.

리스트에는 여러 개의 정보를 저장할 수 있습니다. 그리고 저장된 정보를 삭제하거나 바꾸는 것도 가능합니다. 리스트를 만들려면 스크립트 [데이터]의 '리스트 만들기' 블록을 클릭합니다. 그러면 다음처럼 리스트 생성 창이 나타나는데, 리스트의 이름을 입력하고 <확인>을 클릭합니다.

리스트에 접근하는 지역으로는 '모든 스프라이트에서 사용' 또는 '이 스프라이트에서만 사용' 옵션을 지정할 수 있는데, 일반적으로 기본 옵션을 그대로 사용하면 됩니다.

리스트를 만들면 리스트를 지원하는 블록들이 나타납니다. 이 블록을 이용하면 리스트에 값을 추가, 변경, 삭제(모두 또는 일부), 검색(포함 여부), 리스트에 저장된 항목 개수, 리스트 보이기 또는 숨기기 등이 가능합니다.

[참고] 리스트에 데이터(자료)를 입력하는 세 가지 방법

방법 1 실행 화면에 보이는 리스트의 왼쪽 아래에 있는 '+'를 클릭하여 데이터를 입력합니다. 실행하기 전에도 입력 가능하며 입력된 값은 파일에도 저장할 수 있습니다.

방법 2 '~ 항목을 ~에 추가하기' 또는 '~을(를) ~번째 ~에 넣기' 블록을 이용하여 실행 시 입력합니다.

방법 3 화면에 보이는 리스트에서 우측클릭하면 나타나는 '가져오기' 기능을 이용하여 텍스트 파일을 읽어옵니다.

PART I 기초 문제

실 행 화 면

데 이 터

변수 만들기

pos

데 이 터

리스트 만들기

이름

스 크 립 트

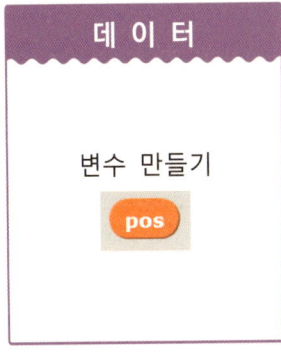

29

08

9.5 값을 천장(ceil; 올림) 함수와 바닥(floor; 내림) 함수에 사용한 결과를 각각 말하세요.

스크래치는 다음과 같은 산술계산 및 논리연산 블록을 스크립트 '연산'에서 제공합니다. 이 중에서 하단에 있는 '제곱근( )' 블록은 절대값, 바닥함수(버림), 천장함수(올림), 제곱근, 삼각함수, 로그함수, 지수함수를 제공합니다. '제곱근' 옆의 역삼각형을 클릭하면 해당 기능을 선택할 수 있습니다. 이 블록 이외에 난수와 반올림 블록도 함께 알아두면 좋습니다.

PART I 기초 문제

실행화면

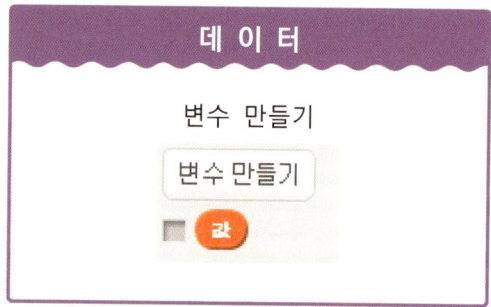

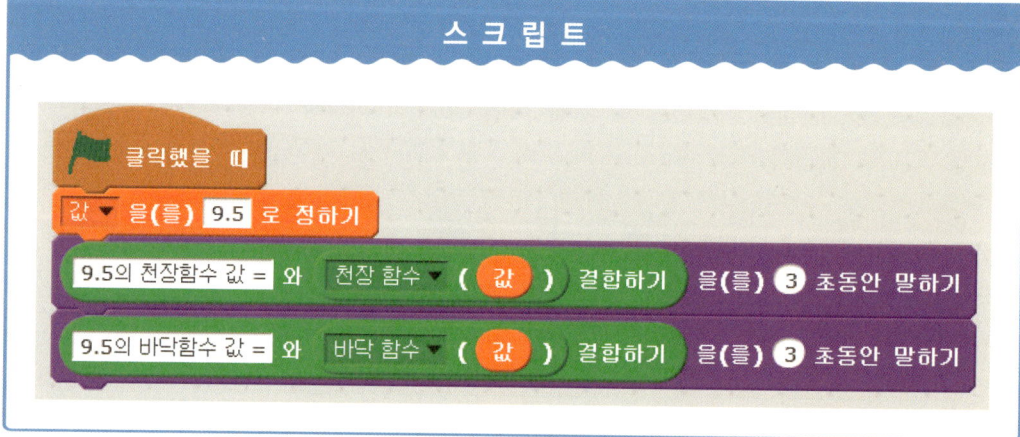

·········● 스크립트 편집창에서 하단의 아이콘 활용하기 ●·········
스크립트를 편집하는 창의 오른쪽 아래에서 다음과 같은 아이콘을 볼 수 있습니다.

'🔍' 돋보기는 스크립트를 축소하여 보여주고, '🔍' 돋보기를 스크립트를 확대하여 보여줍니다.
그리고 '=' 아이콘 위에서 우측클릭하고 '블록 정리하기'를 이용하면 화면의 블록 배치를 정리해줍니다.

PART I   기초 문제

두 숫자를 A, B 변수에 입력받고, 곱한 결과를 'A x B = 결과'
(예; 2와 3이 입력되면, "2 x 3 = 6"을 출력함) 형식으로 말하세요.

스크립트의 '연산'에는 사칙연산과 나머지 연산 등을 구하는 블록이 제공됩니다.
곱셈 블록은 다음과 같습니다.

결합하기 블록을 이용하여 문장 표현을 만들 수 있습니다. 다만 복잡한 표현은 결합하기
블록을 여러 개 사용해야 합니다.

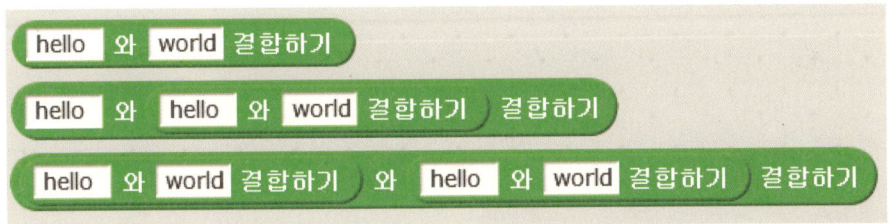

실 행 화 면

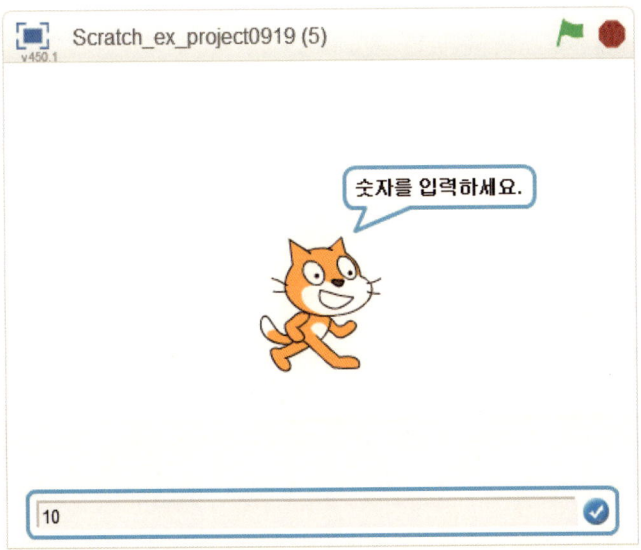

33

PART Ⅰ　　기초 문제

한 점(0,0)에서 다른 점(100,100)을 잇는 선을 그리세요.

스크립트 '펜'에 있는 블록을 이용하여 선을 그릴 수 있는데 선 굵기나 색깔, 명암도 변경할 수 있습니다. 그리고 스크립트 시작 시에는 '펜 올리기' 블록을 사용하고 실제로 그려야 하는 부분에서 '펜 내리기 블록'을 사용한 후에 스프라이트(캐릭터)를 움직이는 것이 좋습니다.

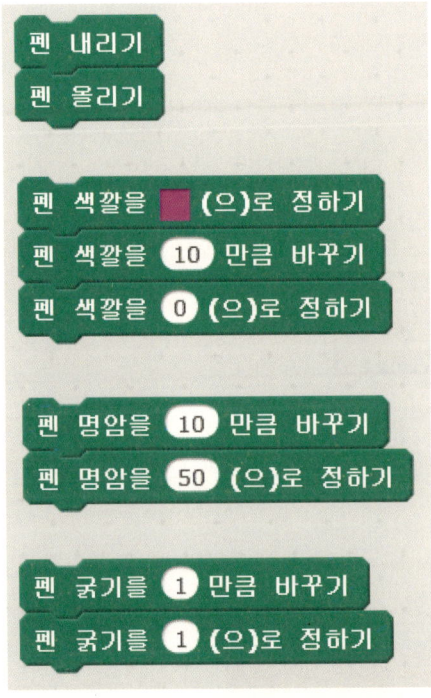

35

실 행 화 면

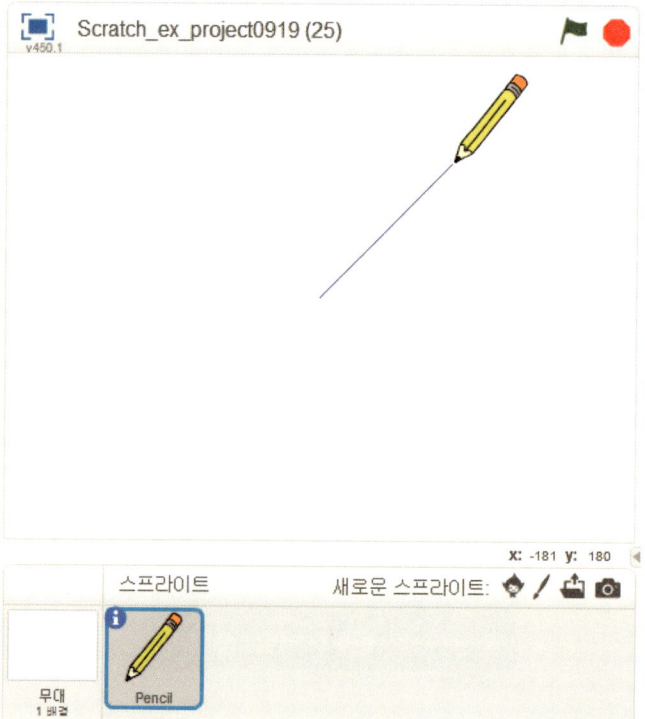

주 의

펜으로 그린 내용은 다시 실행할 때
화면에 남아 있을 수 있으므로
스크립트 시작 부분에 '지우기' 블록을
이용하여 화면을 정리해야 합니다.

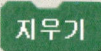

PART I 기초 문제

스크립트

```
클릭했을 때
x: -10 y: -4 로 이동하기
펜 올리기
지우기
1 초 기다리기
x: 0 y: 0 로 이동하기
펜 내리기
x: 100 y: 100 로 이동하기
펜 올리기
```

●······[재훈이의 실험] 스크래치에서 몇 팩토리얼까지 계산할 수 있을까?······●

팩토리얼 계산은 2보다 큰 정수가 1보다 크면서 자신보다 작은 숫자들의 모든 곱셈을 의미합니다.
만약 5!(팩토리얼 표기는 !를 사용함)을 구하려면 1 x 2 x 3 x 4 x 5를 계산하면 됩니다.
1은 곱해도 마찬가지이므로 실제로는 2 x 3 x 4 x 5를 계산한 값이 됩니다.
스크래치는 상당히 큰 수까지 다룰 수 있지만, 최대 크기는 분명히 정해져 있습니다.
그래서 재훈이는 팩토리얼 값을 구하는 스크립트를 작성하다가 유효한 크기를 실험해 보았습니다.
이 실험을 통해, 스크래치는 170!까지는 계산할 수 있지만, 171!부터는 무한대 값으로 처리하고 있음을 알 수 있습니다.

스크립트 팩토리얼 값 계산하여 말하기 (변수는 숫자, 합계를 이용함)

PART I 기초 문제

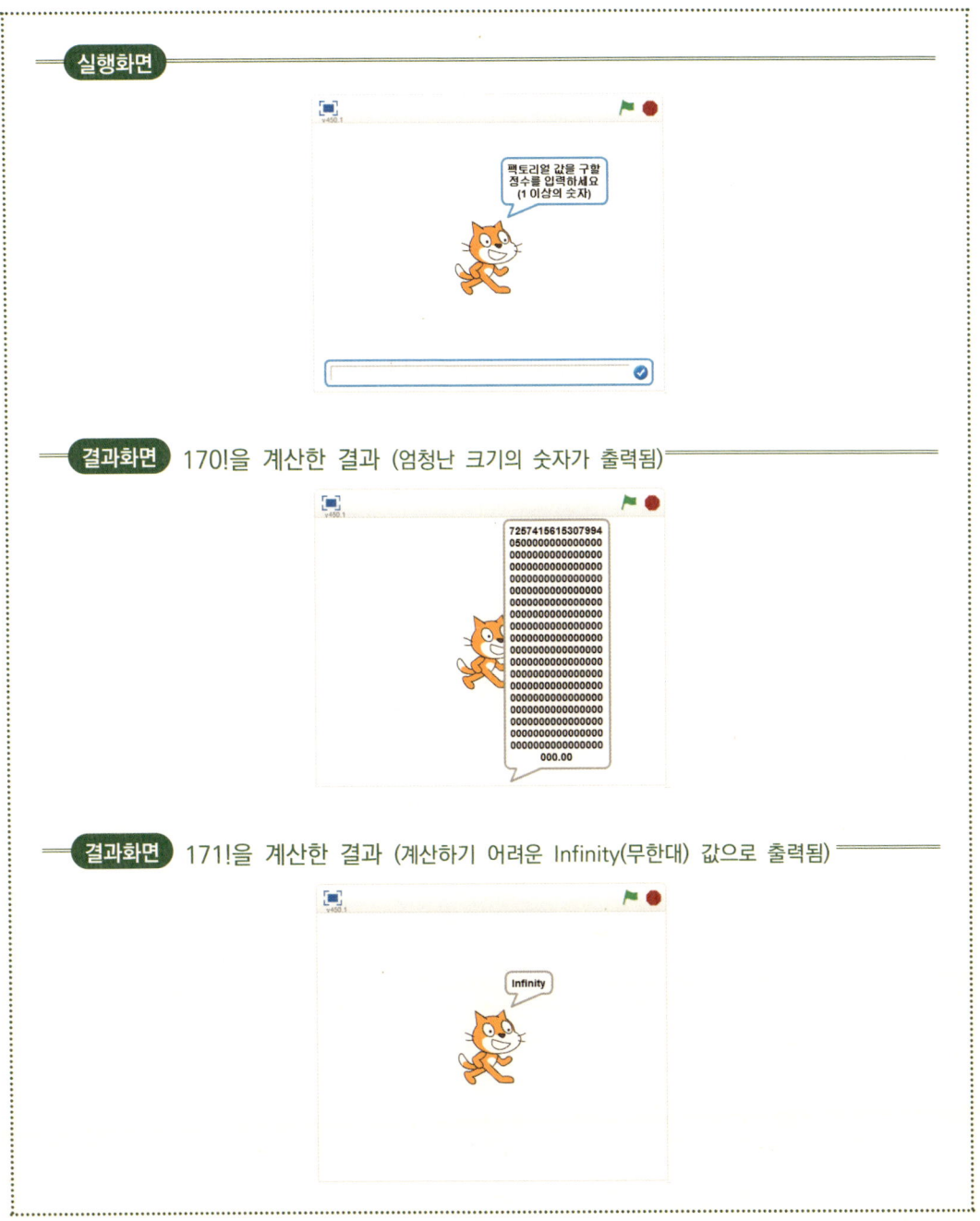

실행화면

결과화면 170!을 계산한 결과 (엄청난 크기의 숫자가 출력됨)

결과화면 171!을 계산한 결과 (계산하기 어려운 Infinity(무한대) 값으로 출력됨)

Scratch Programming

PART II

실력 향상 문제

PART II 실력 향상 문제

이번 파트에서는 생각하면서 풀어야 하는 실력 향상 문제를 살펴보고, 풀기 어려운 문제는 예제를 살펴보면서 작성해보기 바랍니다. 문제를 풀 때는 정확하고, 빠르고, 간결하게 해결하는 알고리듬 코딩을 할 수 있도록 노력해야 합니다.

문제를 풀 때는 다음과 같은 사항을 잘 생각합니다.

❶ 문제를 잘 살펴보고 문제가 요구하는 사항이 무엇인지 명확하게 이해해야 합니다.

❷ 문제를 해결하기 위한 해결 방법을 생각해봅니다.

❸ 문제를 해결하기 위해 어떤 입력 사항이 필요한지 살펴봅니다.

❹ 입력 사항을 저장할 변수나 리스트가 필요한지, 필요하다면 어떤 용도로 몇 개 만들어야 하는지 판단합니다.

❺ 문제를 만족시키는 출력 사항을 확인합니다.

❻ 출력 사항을 저장할 변수나 리스트가 필요한지, 필요하다면 어떤 용도로 몇 개 만들어야 하는지 판단합니다.

❼ 입력받은 사항을 어떤 방식으로 해결하여 결과를 얻어낼지 생각합니다.

❽ 논리적인 구조(반복 블록, 조건 블록)를 어떻게 만들지 생각해봅니다.

❾ 결과를 얻어내기 위한 논리/계산 구조에서 필요한 변수나 리스트가 더 있는지 확인합니다.

PART Ⅱ 실력 향상 문제

코딩할 때는 다음처럼 진행해봅니다.

❶ 코드에 필요한 변수와 리스트를 만듭니다.
   (변수와 리스트는 같은 이름을 사용할 수 없음에 주의합니다.)

❷ 입력을 처리하는 부분을 작성합니다.

❸ 출력을 처리하는 부분을 작성합니다.

❹ 문제를 해결하는 블록을 입력과 출력 부분 사이에 추가해서 전체 코드를 완성해 나갑니다.

❺ 실행했을 때 오류가 발생하면 어느 위치에서 발생했는지 고민해 보고, 문제가 되는 부분을 수정하여 다시 실행하면서 완성합니다.

완성된 코드도 개선이 필요할 수 있습니다. 가능한 간결하고 빠르게 문제를 해결하는 방법이 있는지 더 생각해보는 것이 좋습니다. 물론, 결과가 정확해야 하는 것은 기본입니다.

01 점수를 입력받아서 그 점수를 출력하고, 59점 이하면 '탈락입니다.', 90점 이상은 '우수한 점수입니다.' 그 이외는 '더 노력하세요.'를 말하세요.

실행화면

힌 트

점수 구간 단위로 작업해야 한다면, '만약 ~라면 아니면' 블록을 이용하여 구현하는 것이 좋습니다.

데 이 터

변수 만들기

스크립트

```
클릭했을 때
점수▼ 을(를) -1 로 정하기
점수 > -1 그리고 점수 < 101 까지 반복하기
    점수를 입력하세요(0~100). 묻고 기다리기
    점수▼ 을(를) 대답 로 정하기
만약 점수 < 60 라면
    탈락입니다. 말하기
아니면
    만약 점수 > 89 라면
        우수한 점수입니다. 말하기
    아니면
        더 노력하세요. 말하기
```

02

10~90 사이의 난수(random number, 무작위 수) 5개를 말하고 그 합을 말하세요.

실행화면

PART II 실력 향상 문제

힌 트

난수가 발생한 즉시 합계를 누적해서 처리하면 따로 구하지 않아도 됩니다.

데 이 터

변수 만들기

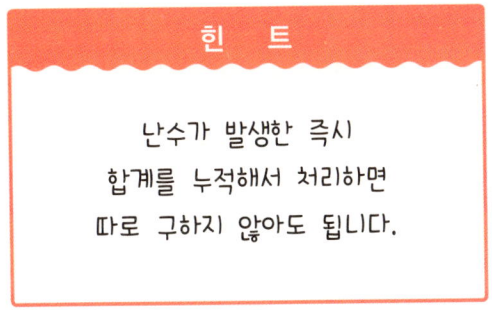

스 크 립 트

03

사각형의 가로와 세로 길이를 입력받고, 그 사각형의 넓이(면적)를 말하세요. 단, 면적의 소수점 이하는 반올림합니다.

실 행 화 면

 **실력 향상 문제**

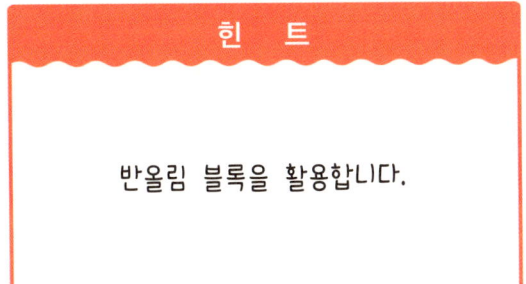

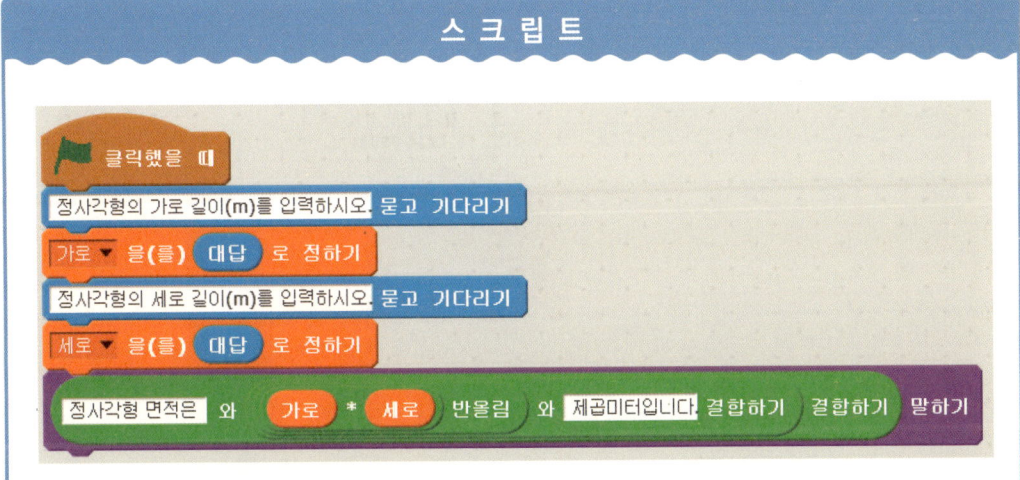

• 숫자 또는 단어가 같은지 비교하기 •

스크립트 연산에 있는 블록은 숫자와 문자/단어 비교에 사용할 수 있습니다.

이외에 리스트를 이용한 검색 비교도 가능합니다. 리스트에 한 단어를 저장하고, 다음처럼 비교할 단어를 포함하고 있는지 확인해서 같은 단어인지 알아낼 수 있습니다.

04 전화번호를 '02-540-5403' 형식으로 입력받고, 전화번호에서 숫자만 말하세요.

실행화면

PART II 실력 향상 문제

힌 트
입력 내용에서 한 글자씩 떼어내서 '-'가 아니면 출력용 변수에 저장합니다.

데 이 터
변수 만들기
- pos
- 전화번호
- 전화번호2

스크립트

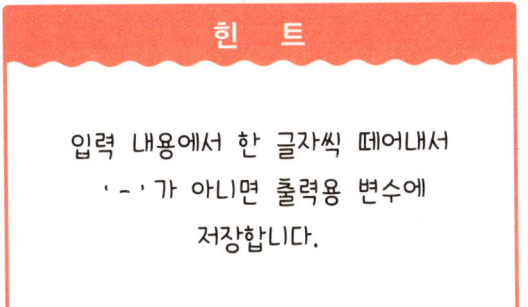

●전화번호에서 숫자만 남기는 방법●

05 "3...1...4"와 "1...9..2..2..1"에 나오는 숫자의 합을 구해 말하세요.

실 행 화 면

● 숫자인지 아닌지 구분하기 ●

스크래치에서 숫자만 입력받고 싶을 때 숫자인지 확인하는 방법입니다. 먼저, 0과 비교해서 0이면 숫자입니다. 그 외의 값은 자신에 1을 곱해서 0이 나오면 숫자가 아닙니다. 참고로 스크래치는 숫자가 아닌 값에 곱하기하면 결과가 0이라는 점을 이용한 것입니다.

PART II 실력 향상 문제

데 이 터

변수 만들기
- pos
- 문자
- 수1
- 수2

스 크 립 트

```
[깃발] 클릭했을 때
pos 을(를) 1 로 정하기
수1 을(를) 3...1...4 로 정하기
수2 을(를) 1...9..2..2..1 로 정하기
수1 을(를) ( 수1 와 수2 결합하기 ) 로 정하기
수2 을(를) 0 로 정하기
( 수1 의 길이 ) 번 반복하기
    문자 을(를) ( pos 번째 글자 ( 수1 ) ) 로 정하기
    만약 ( 문자 = . 가(이) 아니다 ) 라면
        수2 을(를) ( pos 번째 글자 ( 수1 ) ) 만큼 바꾸기
    pos 을(를) 1 만큼 바꾸기
수2 말하기
```

06

정수 숫자 X, Y를 입력받아서 3X+2Y 값을 말하세요.

PART II 실력 향상 문제

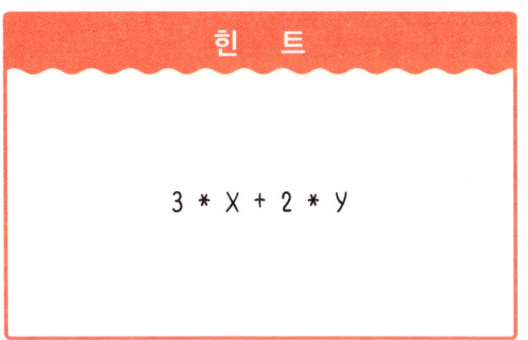

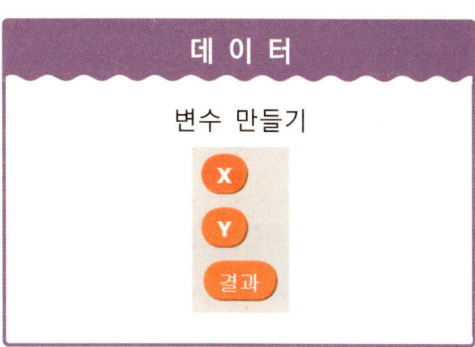

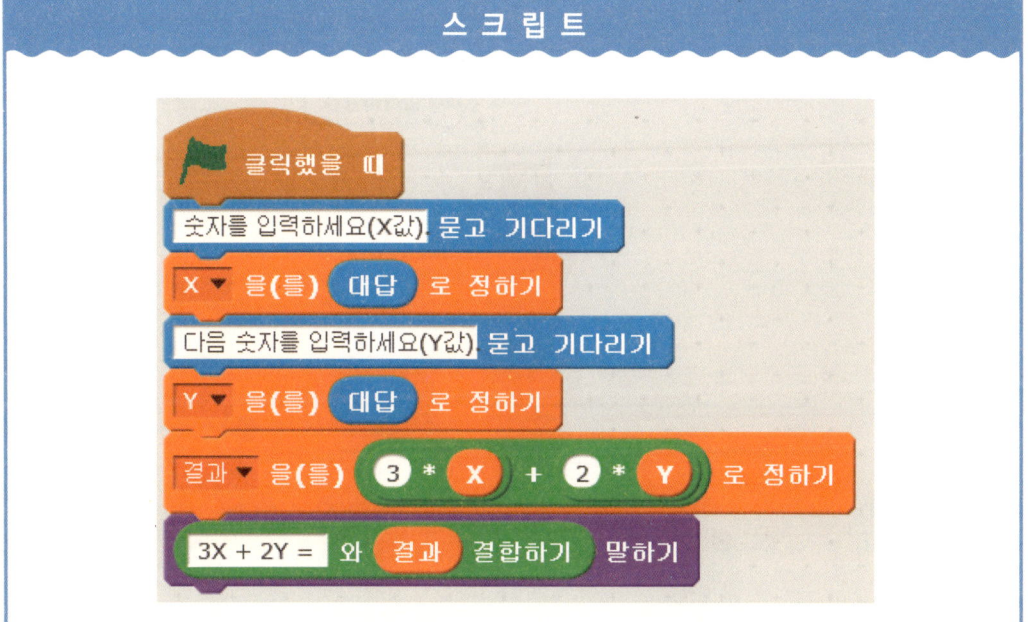

07 두 정수를 입력받고, 각 정수의 제곱을 더하여 말하세요.

실 행 화 면

PART II 실력 향상 문제

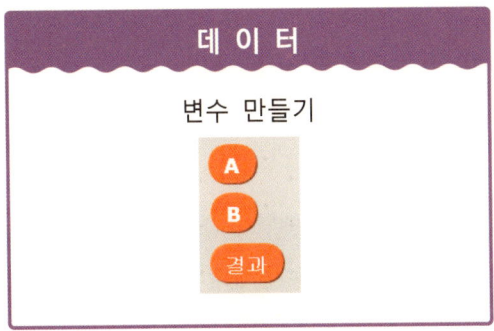

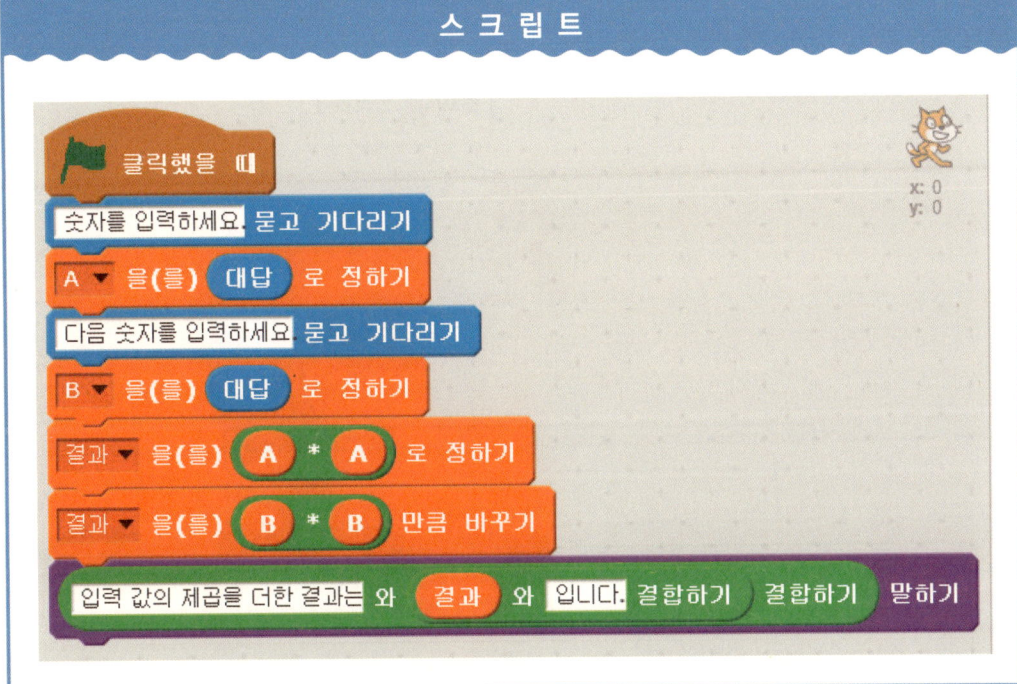

08

숫자 네 개(A, B, C, D)를 입력받아서 평균을 말하세요.

실 행 화 면

PART II 실력 향상 문제

데 이 터

변수 만들기

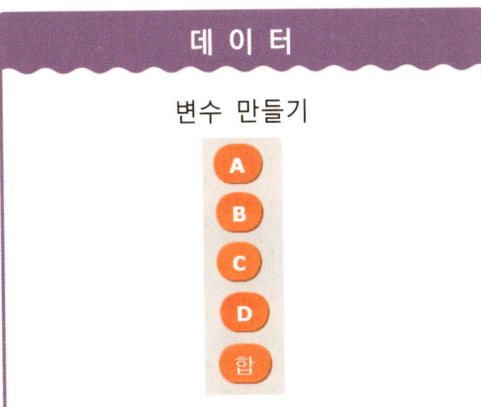

스 크 립 트

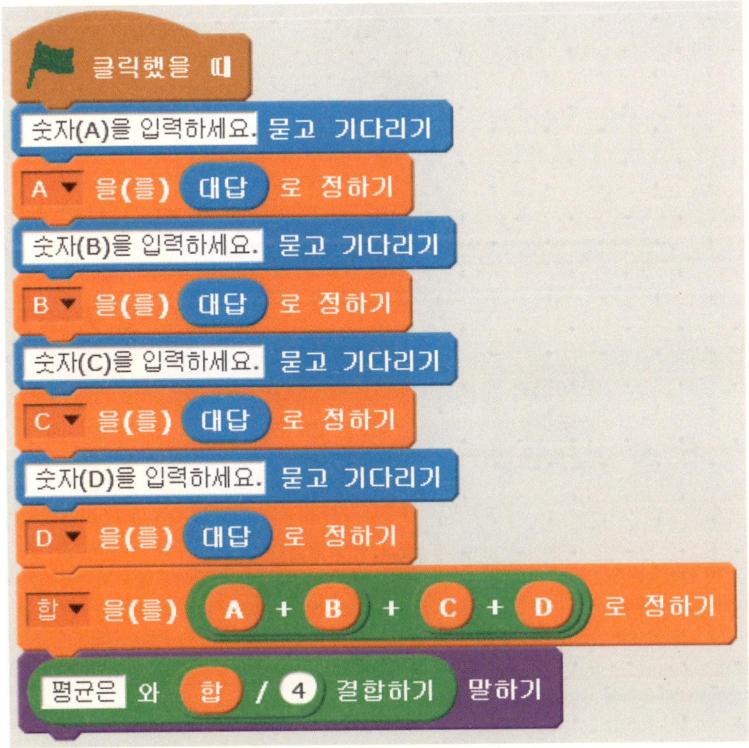

```
▶ 클릭했을 때
숫자(A)을 입력하세요. 묻고 기다리기
A 을(를) 대답 로 정하기
숫자(B)을 입력하세요. 묻고 기다리기
B 을(를) 대답 로 정하기
숫자(C)을 입력하세요. 묻고 기다리기
C 을(를) 대답 로 정하기
숫자(D)을 입력하세요. 묻고 기다리기
D 을(를) 대답 로 정하기
합 을(를) A + B + C + D 로 정하기
평균은 와 합 / 4 결합하기 말하기
```

09

정수 숫자 X를 입력받아서 (X-1)의 세제곱 값을 말하세요.
단, 2보다 적은 값이 입력되면 다시 입력받으세요.

실 행 화 면

PART Ⅱ 실력 향상 문제

힌 트

'~까지 반복하기' 블록을 이용하여
입력 조건이 맞을 때까지
입력 과정을 계속 반복합니다.

데 이 터

변수 만들기

스크립트

```
깃발 클릭했을 때
값▼ 을(를) 0 로 정하기
값 > 1 까지 반복하기
    2 이상의 숫자를 입력하세요. 묻고 기다리기
    값▼ 을(를) 대답 로 정하기
값▼ 을(를) -1 만큼 바꾸기
결과▼ 을(를) 값 * 값 * 값 로 정하기
( 와 값 + 1 와 -1)의 세제곱은 결합하기 결합하기 와 결과 결합하기 말하기
```

61

10 점수(0~100)를 다섯 개 정수로 입력받고 그중에서 가장 높은 점수를 말하세요.

실행화면

힌트

모두 입력받은 후에 가장 높은 점수를 구하는 것보다 하나씩 입력받을 때마다 비교해서 높은 점수를 알아내는 방식이 작성하기 쉽습니다.

데이터

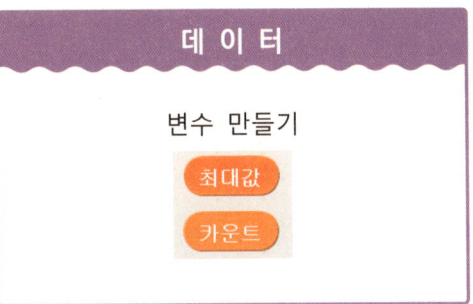

스크립트

```
[깃발] 클릭했을 때
최대값 을(를) 0 로 정하기
카운트 을(를) 5 로 정하기
다섯개 숫자를 입력받을 예정입니다. 을(를) 2 초동안 말하기
무한 반복하기
    0~100 범위의 숫자를 입력하세요. 묻고 기다리기
    만약 대답 > -1 그리고 대답 < 101 라면
        만약 대답 > 최대값 라면
            최대값 을(를) 대답 로 정하기
        카운트 을(를) -1 만큼 바꾸기
        만약 카운트 = 0 라면
            최대값은 와 최대값 와 입니다. 결합하기 결합하기 을(를) 5 초동안 말하기
            모두 멈추기
```

11 다섯 개 정수 숫자를 입력받고 가장 큰 수와 작은 수의 차이를 말하세요.

실 행 화 면

PART II 실력 향상 문제

데 이 터

변수 만들기

스 크 립 트

```
🚩 클릭했을 때
다섯 개 숫자를 입력받을 예정입니다 을(를) 2 초동안 말하기
숫자를 입력하세요. 묻고 기다리기
최대 ▼ 을(를) 대답 로 정하기
최소 ▼ 을(를) 대답 로 정하기
4 번 반복하기
    숫자를 입력하세요. 묻고 기다리기
    만약 대답 > 최대 라면
        최대 ▼ 을(를) 대답 로 정하기
    만약 대답 < 최소 라면
        최소 ▼ 을(를) 대답 로 정하기
차이 ▼ 을(를) 최대 - 최소 로 정하기
최대와 최소 값의 차이는 와 차이 와 입니다. 결합하기 결합하기 말하기
```

65

12 달리기 선수가 10, 6, 9, 8, 12km씩 달렸을 때 합계와 평균을 말하세요.

실행화면

PART II 실력 향상 문제

13 다람쥐가 한 달에 도토리 3,000개씩 받고, 주마다 동일하게 나눠서 먹어야 할 때, 한 주에 몇 개씩 먹을 수 있는지 말하세요.
단, 한 달은 4.3주로 계산하고 소수점 이하는 반올림하세요.

실행화면

PART II ✦ 실력 향상 문제

스크립트

······●화면 중앙에 추가한 Green Flag(녹색 깃발 스프라이트) 클릭 시 실행하기●······

1) 스크래치에서 제공하는 Green Flag 스프라이트를 추가하여 화면 중앙에 배치합니다.
2) Green Flag 스크립트를 오른쪽 스크립트처럼 작성합니다.
3) 다른 스프라이트는 '실행' 메시지를 받을 때에 실행되도록 스크립트를 작성합니다.
   다음 예제는 '실행' 메시지를 받을 때 말하기를 하는 스크립트입니다.

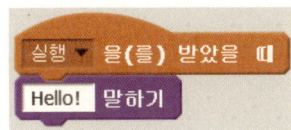

14 도서관에 책을 빌린 후 3일 안에 반납하지 않으면 1일당 150원씩 과태료(벌금)가 부과됩니다. 단, 30일 후에 반납될 때는 100원씩 추가 과태료를 내야 합니다. 책 3권을 빌리고 45일 후에 반납했다면, 과태료는 얼마인지 말하세요.

실 행 화 면

PART II 실력 향상 문제

데 이 터

변수 만들기

- 권수
- 기본과태료
- 기본과태료기간
- 날짜수
- 정상반납기일
- 지불할 돈
- 추가과태료
- 추가과태료기간
- 추가과태료시작일

스 크 립 트

```
클릭했을 때
권수 ▼ 을(를) 3 로 정하기
기본과태료 ▼ 을(를) 150 로 정하기
추가과태료 ▼ 을(를) 100 로 정하기
날짜수 ▼ 을(를) 45 로 정하기
정상반납기일 ▼ 을(를) 3 로 정하기
추가과태료시작일 ▼ 을(를) 30 로 정하기
기본과태료기간 ▼ 을(를) ( 날짜수 - 정상반납기일 ) 로 정하기
추가과태료기간 ▼ 을(를) ( 날짜수 - 추가과태료시작일 ) 로 정하기
지불할 돈 ▼ 을(를) ( 기본과태료기간 * 기본과태료 + 추가과태료기간 * 추가과태료 ) 로 정하기
지불할 돈 ▼ 을(를) ( 지불할 돈 * 3 ) 로 정하기
책 세 권을 45일 후에 반납하면 전체 과태료는 와 지불할 돈 와 원입니다. 결합하기 결합하기 말하기
```

15

500원짜리 빵을 10개 샀을 때 가격을 구하세요.
단, 10개 사면 15% 깎아줍니다.

실 행 화 면

PART II 실력 향상 문제

데이터

변수 만들기
- 가격
- 구입가격
- 빵수
- 판매한가격
- 할인후비율

스크립트

```
클릭했을 때
가격 ▼ 을(를) 500 로 정하기
할인후비율 ▼ 을(를) 0.85 로 정하기
빵수 ▼ 을(를) 10 로 정하기
구입가격 ▼ 을(를) 0 로 정하기
판매한가격 ▼ 을(를) ( 가격 * 빵수 * 할인후비율 ) 로 정하기
( 500원짜리 빵 10개를 15% 할인한 가격은 ) 와 판매한가격 와 원입니다. 결합하기 결합하기 말하기
```

16

정수 숫자를 입력받을 때마다 누적 합계를 출력하는 무한 반복 프로그램을 작성하되, '0'이 입력되면 종료하세요.

실행화면

PART II 실력 향상 문제

데이터

변수 만들기

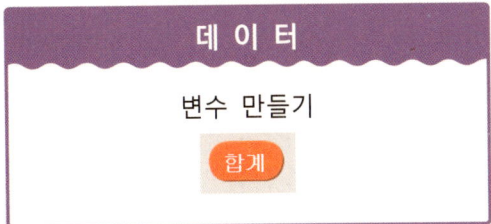

스크립트

```
클릭했을 때
합계▼ 을(를) 0 로 정하기
무한 반복하기
    숫자를 입력하세요(종료: 0) 묻고 기다리기
    만약 < 대답 = 0 > 라면
        종료합니다. 을(를) 1 초동안 말하기
        지금까지 합계는 와 합계 와 입니다. 결합하기 결합하기 을(를) 2 초동안 말하기
        모두▼ 멈추기
    합계▼ 을(를) 대답 만큼 바꾸기
    지금까지 합계는 와 합계 와 입니다. 결합하기 결합하기 을(를) 1 초동안 말하기
```

17 정수 숫자 두 개와 사칙 연산을 선택받아서 계산한 결과를 말하세요. 단, 나눗셈에서 0으로 나눌 때는 "0으로 나눌 수 없습니다." 오류 메시지를 말하세요.

실 행 화 면

PART Ⅱ 실력 향상 문제

데 이 터

변수 만들기

- 값1
- 값2
- 결과
- 에러
- 연산

스크립트

```
🏁 클릭했을 때
[에러▼] 을(를) [0] 로 정하기
(숫자를 입력하세요) 묻고 기다리기
[값1▼] 을(를) (대답) 로 정하기
(다음 숫자를 입력하세요) 묻고 기다리기
[값2▼] 을(를) (대답) 로 정하기
(연산 방식을 숫자로 입력하세요. 1=더하기, 2=빼기, 3=곱하기, 4=나누기) 묻고 기다리기
[연산▼] 을(를) (대답) 로 정하기
만약 <(연산) > [0]> 그리고 <(연산) < [5]> 라면
    만약 <(연산) = [1]> 라면
        [결과▼] 을(를) ((값1) + (값2)) 로 정하기
    
    만약 <(연산) = [2]> 라면
        [결과▼] 을(를) ((값1) - (값2)) 로 정하기
    
    만약 <(연산) = [3]> 라면
        [결과▼] 을(를) ((값1) * (값2)) 로 정하기
```

(계속)

PART II 실력 향상 문제

스크립트

```
만약 <연산 = 4> 라면
    만약 <값2 = 0> 라면
        [0으로 나눌 수 없습니다.]을(를) 1 초동안 말하기
        [에러▼] 을(를) 1 만큼 바꾸기
    아니면
        [결과▼] 을(를) (값1 / 값2) 로 정하기
아니면
    [에러▼] 을(를) 1 만큼 바꾸기

만약 <에러 = 0> 라면
    [계산 결과는] 와 (결과) 와 [입니다.] 결합하기 결합하기 말하기
아니면
    [잘못된 연산입니다.] 말하기
```

18

이름을 입력받아서 출력하는 과정을 반복해서 진행하세요.
단, 공백을 입력하면 종료하고, 같은 이름이 입력된 적이 있으면 "이미 존재하는 이름입니다."를 출력하고 다시 입력받으세요.

실 행 화 면

● 말하고 1초 기다리기와 1초 동안 말하기 ●

말하고 1초 기다리기 코드 블록은 1초 동안 말하기 블록으로 대체할 수 있습니다.

PART II 실력 향상 문제

데이터
리스트 만들기
이름

스크립트

```
🏁 클릭했을 때
모두▼ 번째 항목을 이름▼ 에서 삭제하기
무한 반복하기
    당신의 이름은? 묻고 기다리기
    만약 대답 = ▢ 라면
        모두▼ 멈추기
    만약 이름▼ 리스트에 대답 포함되었는가? 라면
        이미 존재하는 이름입니다 말하기
        1 초 기다리기
    아니면
        대답 항목을 이름▼ 에 추가하기
        당신의 이름은 와 대답 와 입니다. 결합하기 결합하기 말하기
        1 초 기다리기
```

81

19 구구단의 단(2~9)을 입력받고 그 단을 "2 x 3 = 6" 형식으로 1초마다 말하세요. 단, 입력 값이 0이면 종료하고, 그렇지 않으면 무한 반복하세요.

실행화면

PART II 실력 향상 문제

데이터

변수 만들기

스크립트

```
클릭했을 때
무한 반복하기
    구구단의 단을 입력하세요(2~9, 종료:0) 묻고 기다리기
    만약 < 대답 = 0 > 라면
        모두▼ 멈추기
    만약 < < 대답 > 1 > 그리고 < 대답 < 10 > > 라면
        i▼ 을(를) 1 로 정하기
        대답 와 단 결합하기 을(를) 1 초동안 말하기
        9 번 반복하기
            대답 와 X 와 i 와 = 와 대답 * i 결합하기 결합하기 결합하기 결합하기 을(를) 1 초동안 말하기
            i▼ 을(를) 1 만큼 바꾸기
```

83

20

학생 이름과 국어, 영어, 수학 점수를 세 번 입력받고, 각 학생의 이름, 평균을 말하세요.

실행화면

PART Ⅱ 실력 향상 문제

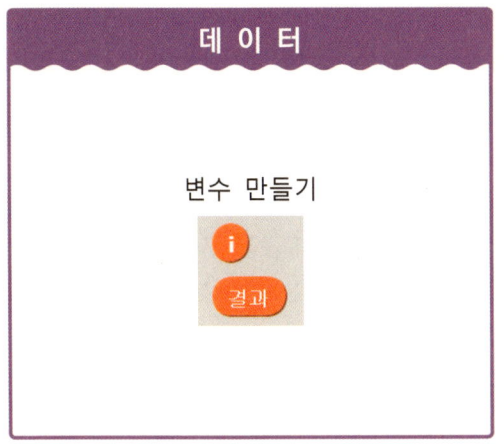

스크립트

```
[깃발 클릭했을 때]
모두▼ 번째 항목을 학생이름▼ 에서 삭제하기
모두▼ 번째 항목을 영어▼ 에서 삭제하기
모두▼ 번째 항목을 수학▼ 에서 삭제하기
모두▼ 번째 항목을 국어▼ 에서 삭제하기
모두▼ 번째 항목을 평균▼ 에서 삭제하기
3 번 반복하기
    학생 이름을 입력하세요. 묻고 기다리기
    대답 항목을 학생이름▼ 에 추가하기
    국어 점수를 입력하세요. 묻고 기다리기
    대답 항목을 국어▼ 에 추가하기
    영어 점수를 입력하세요. 묻고 기다리기
    대답 항목을 영어▼ 에 추가하기
    수학 점수를 입력하세요. 묻고 기다리기
    대답 항목을 수학▼ 에 추가하기
i▼ 을(를) 1 로 정하기
3 번 반복하기
    결과▼ 을(를) ( i 번째 국어▼ 항목 + i 번째 영어▼ 항목 + i 번째 수학▼ 항목 ) 로 정하기
    결과▼ 을(를) ( 결과 / 3 ) 로 정하기
    결과 항목을 평균▼ 에 추가하기
    i▼ 을(를) 1 만큼 바꾸기
i▼ 을(를) 1 로 정하기
3 번 반복하기
    이름: 와 i 번째 학생이름▼ 항목 와 ,평균: 와 i 번째 평균▼ 항목 결합하기 결합하기 결합하기 을(를) 3 초동안 말하기
    i▼ 을(를) 1 만큼 바꾸기
```

PART II 실력 향상 문제

21 "홍길동"과 "김철수" 후보 득표수가 1,024표, 2,319표일 때 각 후보자 득표율을 말하세요. 출력 예: 홍길동 득표율 = 52%

실 행 화 면

데 이 터

변수 만들기

- 김철수득표
- 김철수비율
- 총득표
- 홍길동득표
- 홍길동비율

스 크 립 트

클릭했을 때
홍길동득표 을(를) 1024 로 정하기
김철수득표 을(를) 2319 로 정하기
총득표 을(를) 홍길동득표 + 김철수득표 로 정하기
홍길동비율 을(를) 100 * 홍길동득표 / 총득표 반올림 로 정하기
김철수비율 을(를) 100 * 김철수득표 / 총득표 반올림 로 정하기
김철수: 와 김철수비율 와 %, 결합하기 결합하기 와 홍길동: 와 홍길동비율 와 % 결합하기 결합하기 결합하기 말하기

x: -30
y: 4

PART II 실력 향상 문제

22
하루에 9시간씩 공부할 때, 35년간 공부하는 시간의 합을 말하세요. 단, 윤년 8회가 포함된 기간이며 윤년은 366일로 계산합니다.

실 행 화 면

• 율리우스력과 윤년 계산 •

1582년부터 양력은 이전에 사용하던 율리우스력에서 그레고리력 방식으로 변경되었습니다.
양력에서 2월이 29일인 경우, 2월을 윤달이라고 부르고 그 해를 윤년이라고 부르는데, 첫해(1582년)에는 오차 수정을 위해 윤달이 두 번(23, 67일)이나 적용되어 다른 해에 비해 연간 날짜 수에 차이가 있습니다. 즉, 그레고리력을 적용하면서 그동안의 잘못된 날짜 오차를 줄이기 위해 3개월에 해당하는 기간을 두 번이나 삽입하였고, 10월 4일(목)에서 10월 15일(금)로 바로 건너뛰는 등 불규칙한 기간이 있습니다. 참고로, 1583년 1월 1일은 토요일이므로 그 요일을 기준으로 다른 날짜의 요일을 구할 수 있습니다. 새로 적용된 그레고리력은 윤년인 해를 다음과 같은 규칙으로 정했습니다.

1) 4년으로 나누어지는 해는 윤달(2월은 29일)이 있습니다.
2) 그러나 100년으로 나누어지는 해는 윤달이 없습니다.
3) 그러나 400년으로 나누어지는 해는 윤달이 있습니다.

이 규칙을 만족하면 그 해가 윤년(2월은 29일)이고 아니면 평년(2월은 28일)입니다.

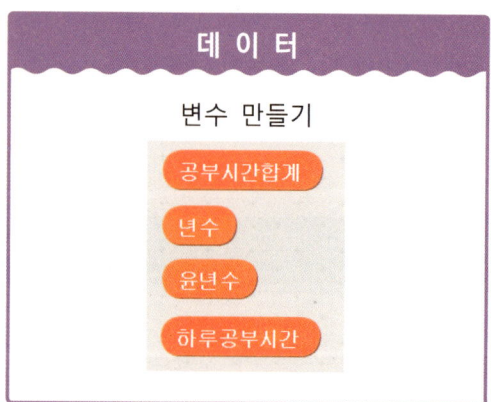

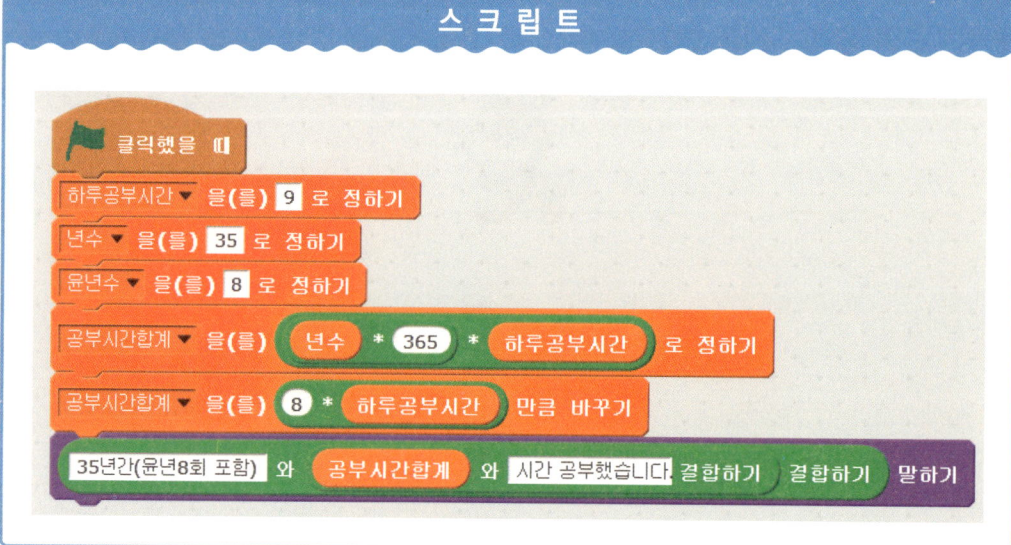

PART Ⅱ 실력 향상 문제

23 두 정수 x, y를 입력받아 $\sqrt{x^2+y^2}$ 수식에 대입한 계산 결과를 출력하되, 스크립트의 제곱근 연산 블록을 함께 이용하세요.

실행화면

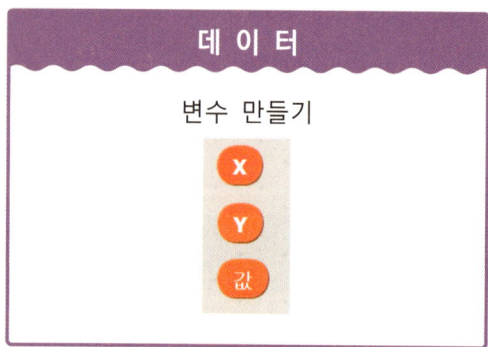

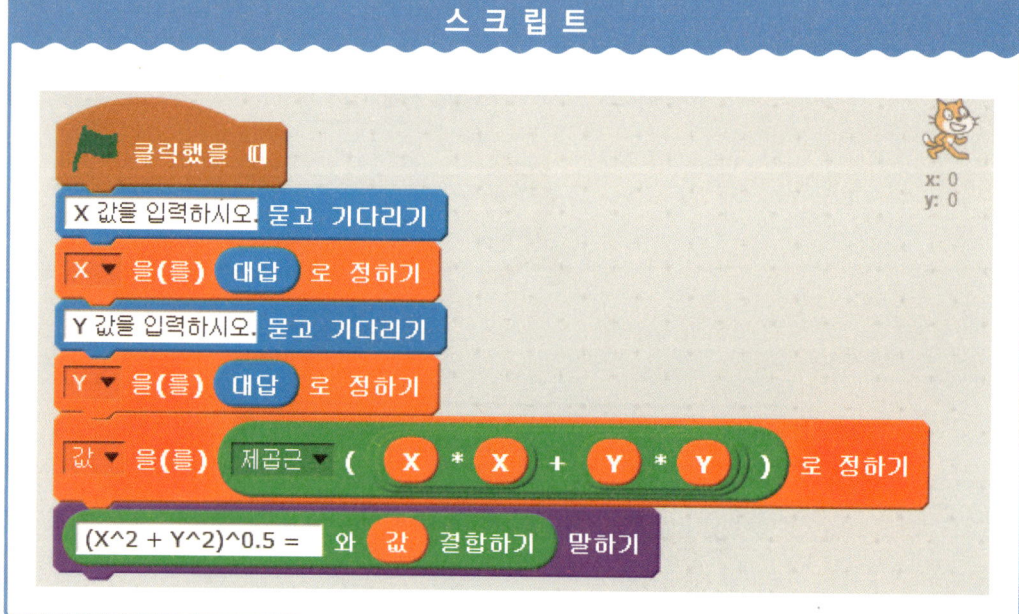

PART II 실력 향상 문제

24 5자리 숫자를 입력받아서 앞 두 자리와 뒤 세 자리를 따로 말하세요. 예를 들어, 12345 입력하면 '앞 두 자리: 12'와 '뒤 세 자리: 345'를 출력합니다.

실 행 화 면

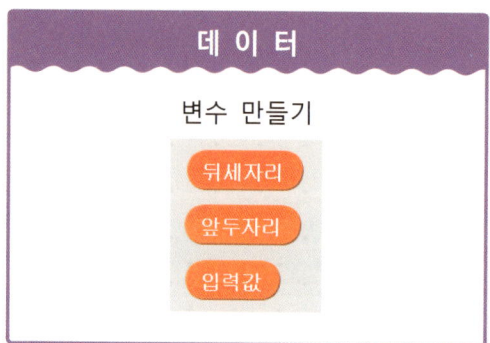

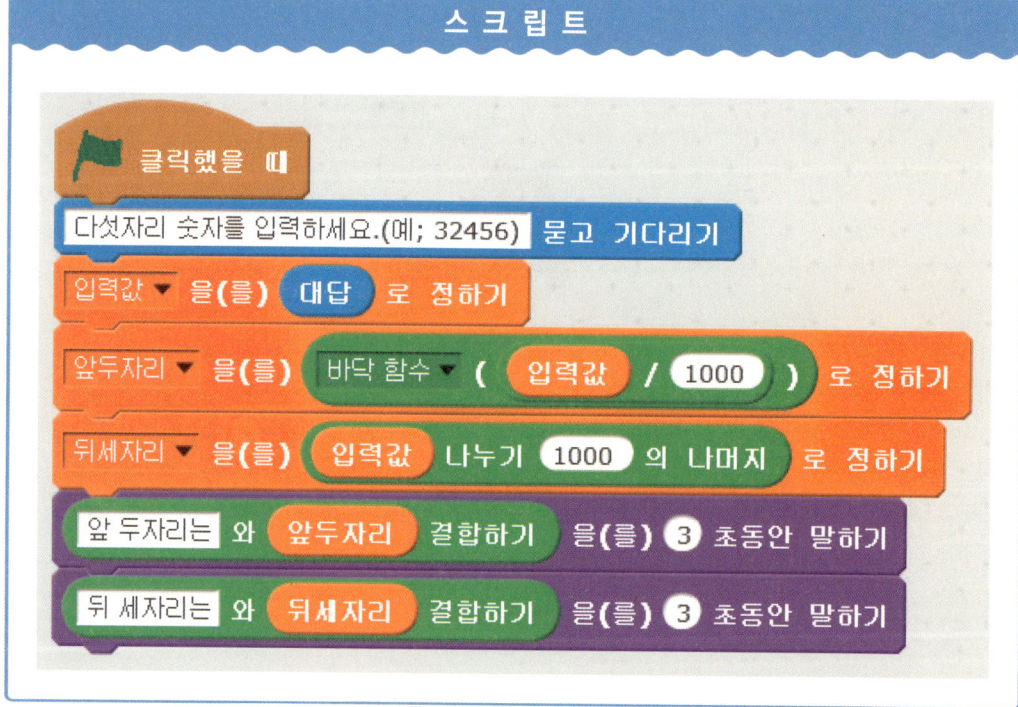

PART Ⅱ 실력 향상 문제

스크립트 (다른 방법)

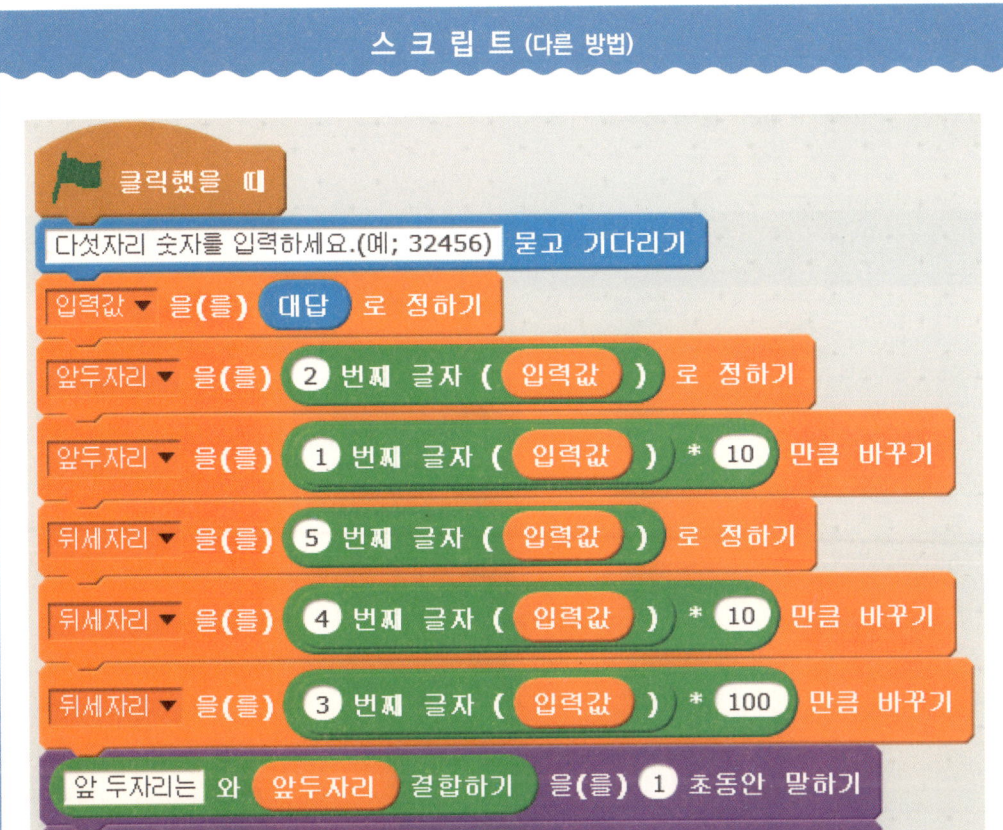

25

1024.3456 값을 소수점 이하 세 자리에서 반올림하여 소수점 둘째 자리까지만 말하세요.

실 행 화 면

PART Ⅱ 실력 향상 문제

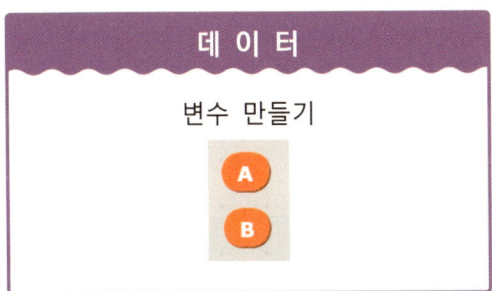

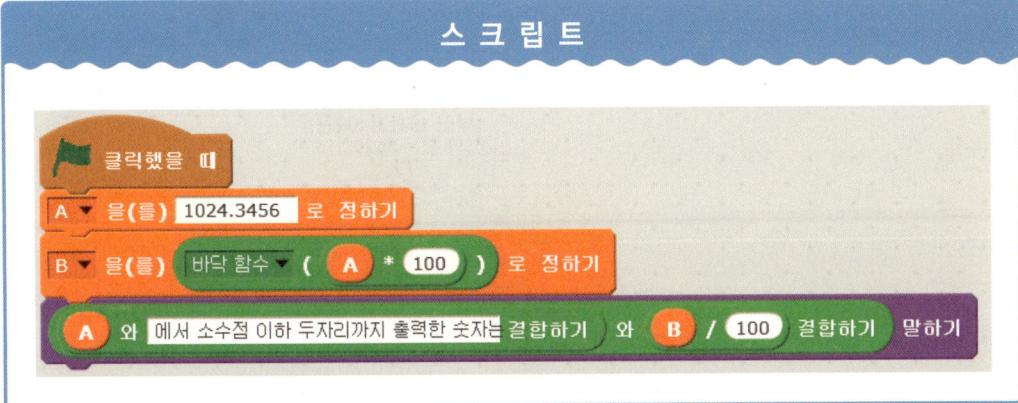

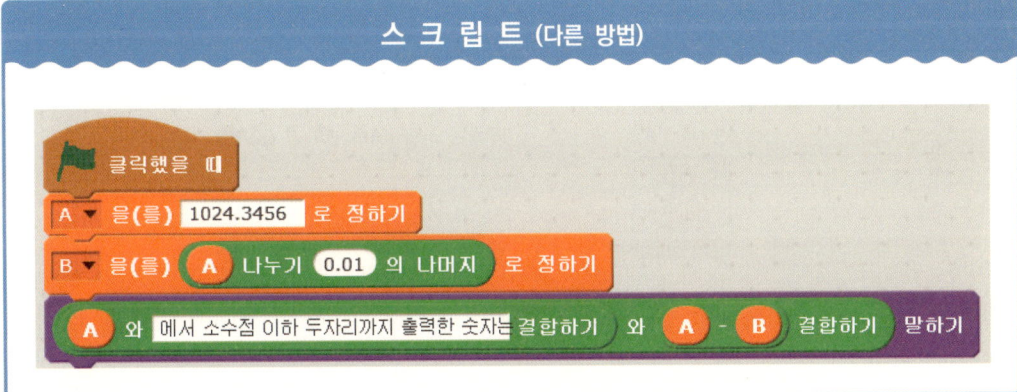

26

1부터 10까지 증가하는 숫자의 3제곱 값의 합을 계산하여 말하세요.

실행화면

 PART Ⅱ 실력 향상 문제

힌 트

숫자 * 숫자 * 숫자

데 이 터

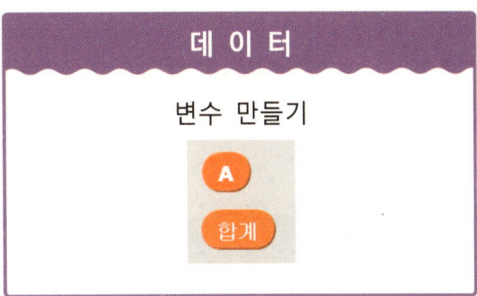

스크립트

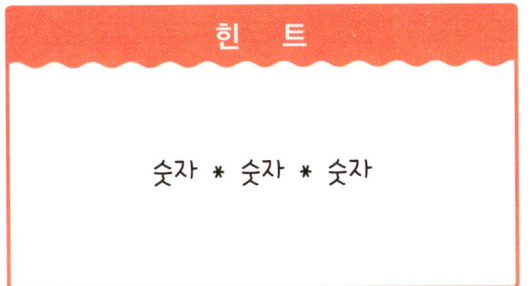

27

1:5,000(5,000분의 1) 축척 지도에서 135mm는 몇 미터인지 말하세요.

실행화면

PART II 실력 향상 문제

데이터

- 변수 만들기

스크립트

▶ 클릭했을 때
지도거리mm ▼ 을(를) 135 로 정하기
축척비 ▼ 을(를) 5000 로 정하기
실제거리m ▼ 을(를) 지도거리mm * 축척비 / 1000 로 정하기
1/5000 축척 지도에서 135mm는 실제 거리로 와 실제거리m 와 m입니다. 결합하기 결합하기 말하기

28 직사각형의 밑변이 10m이고 넓이(면적)가 400m²일 때 높이를 말하세요.

실 행 화 면

PART Ⅱ 실력 향상 문제

힌 트

넓이(면적) = 밑변 * 높이

데 이 터

변수 만들기

스크립트

29

구의 체적이 1,000cm³일 때, 구의 반지름을 소수점 세 자리까지 (이하 버림) 말하세요.

스크래치에서 A 값의 세제곱근을 구하려면 e^(1/3 * ln(A))처럼 계산합니다.

실행화면

힌 트

구의 체적 = 4/3 × π × R³

단, π는 3.141592

R은 구의 반지름

데 이 터

변수 만들기

반지름

체적

파이

스 크 립 트

30 1에서 20까지의 자연로그 값을 ln 블록으로 계산하여 말하세요.

실 행 화 면

$e^x = y$일 때, $\ln y = x$을 자연로그라고 부릅니다.

자연로그는 고등학교 교과 과정에 나오는 개념이므로, 저학년인 경우에는 로그(ln) 블록의 사용 예제로 진행하세요.

PART II 실력 향상 문제

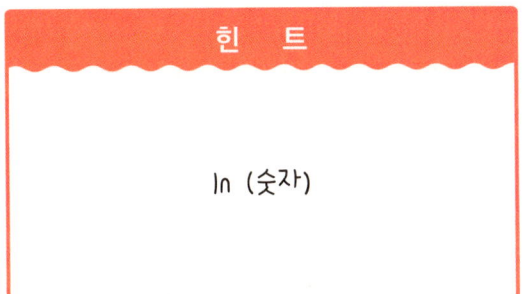

31

100만 원을 10년간 5% 복리로 저축할 때, 만기 시(10년 후에) 찾는 돈을 말하세요.

실 행 화 면

복리는 원금과 이전에 지급된 이자의 합에 대한 이자를 의미합니다.

예를 들면, 10%의 이자율로 100원이 지급되면, 다음 해에는 110원을 받을 수 있고, 그 다음 해에는 121원을 받을 수 있습니다.

# PART II 실력 향상 문제

힌 트

복리 시 찾을 금액
= 원금 * ((1+이자)^년수)

데 이 터

변수 만들기
- 금액
- 년수
- 만기 금액
- 이자율
- 총이자

스 크 립 트

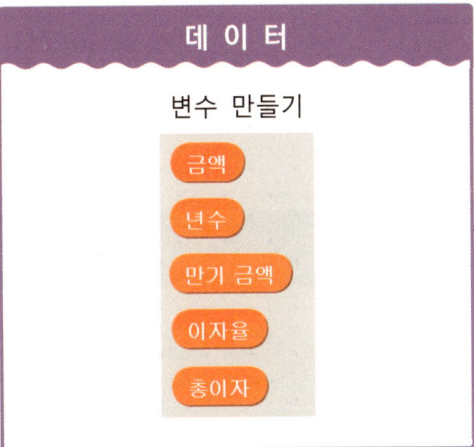

32

15도 경사의 언덕을 500미터 걸었을 때 몇 미터 올라갔는지 소수점 첫째 자리까지 말하세요.

실 행 화 면

● 사인(sin), 코사인(cos), 탄젠트(tan) 삼각함수 이용 ●

(1) 각도 θ의 사인은 높이와 빗변의 비율입니다.
   (sin θ = 높이 / 빗변)
(2) 각도 θ의 코사인은 밑변과 빗변의 비율입니다.
   (cos θ = 밑변 / 빗변)
(3) 각도 θ의 탄젠트는 밑변과 높이의 비율입니다.
   (TAN θ = 높이 / 밑변)

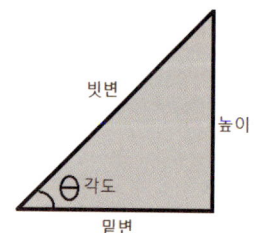

예) 탑의 높이는?
탑의 1층 중심에서 14.4m 떨어져서 탑 꼭대기를 선으로 연결한다고 가정합니다. 이때 기울기가 약 60도였다면 탄젠트 삼각함수를 이용하여 탑 높이가 약 25미터인 것을 알 수 있습니다.
높이 = tan60° x 14.4
높이 = 1.732 x 14.4 = 24.94m ≒ 25m

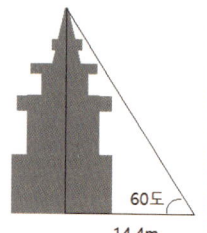

PART II 실력 향상 문제

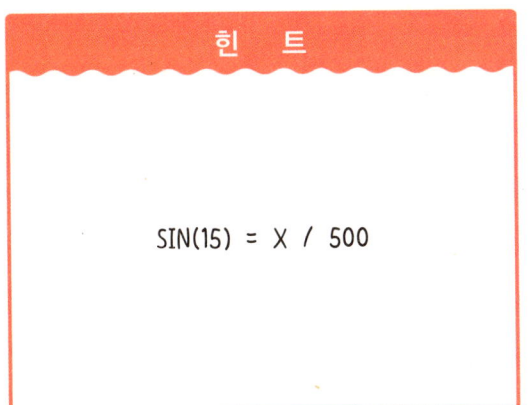

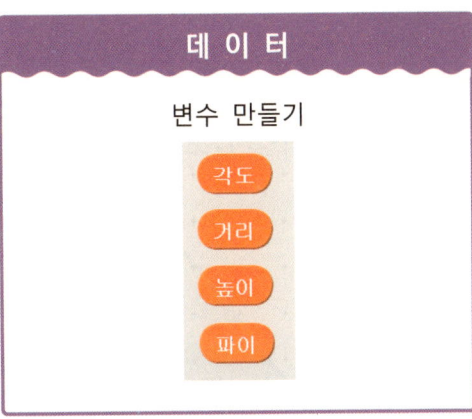

스크립트

```
클릭했을 때
각도 을(를) 15 로 정하기
거리 을(를) 500 로 정하기
파이 을(를) 3.141592 로 정하기
높이 을(를) ( 거리 * sin( 15 ) ) 로 정하기
높이 을(를) ( 바닥 함수( ( 높이 * 10 ) ) / 10 ) 로 정하기
( 15도 경사 언덕을 500미터 걸었을 때 높이는 와 높이 와 m 올라갔습니다. 결합하기 결합하기 ) 말하기
```

33 평지의 일직선 상에 있는 두 지점에서 피라미드 꼭대기를 바라보는 각도는 30도와 45도였고 거리 차이는 100미터라면, 건물 높이는 몇 미터인지 소수점 첫째 자리에서 반올림하여 말하세요.

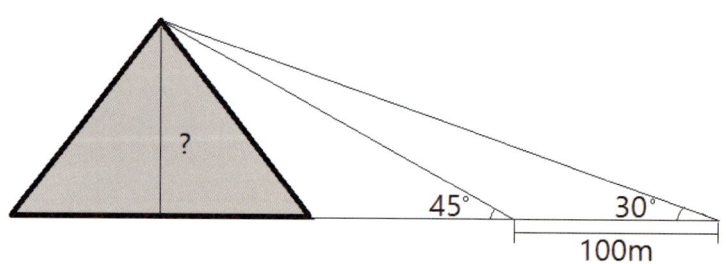

실행화면

 **실력 향상 문제**

힌 트

높이 = (100 × SIN(30) × SIN(45)) / SIN(45 − 30)

데 이 터

변수 만들기

각도30
각도45
높이차이

스 크 립 트

34

두 수 X, Y를 입력받고 X의 Y 승 값과 그 값이 몇 자릿수인지 말하세요. 단, X는 1~9, Y는 2~10 범위까지 허용하세요.

실 행 화 면

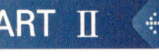 실력 향상 문제

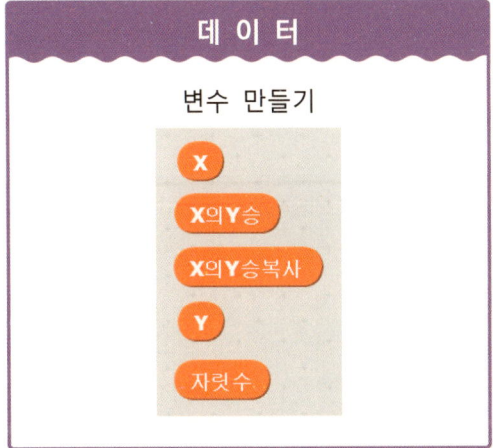

스 크 립 트

```
[깃발 클릭했을 때]
X ▼ 을(를) 0 로 정하기
Y ▼ 을(를) 0 로 정하기
X의 Y승 값과 그 자릿수를 구합니다. 을(를) 2 초동안 말하기
[ X > 0 그리고 X < 10 그리고 Y > 1 그리고 Y < 11 ]까지 반복하기
    X값을 입력하시오(1~9) 묻고 기다리기
    X ▼ 을(를) 대답 로 정하기
    Y값을 입력하시오(2~10) 묻고 기다리기
    Y ▼ 을(를) 대답 로 정하기

X의Y승 ▼ 을(를) 1 로 정하기
Y 번 반복하기
    X의Y승 ▼ 을(를) X의Y승 * X 로 정하기

X의Y승복사 ▼ 을(를) X의Y승 로 정하기
자릿수 ▼ 을(를) 0 로 정하기
[ X의Y승복사 < 10 ]까지 반복하기
    X의Y승복사 ▼ 을(를) X의Y승복사 / 10 로 정하기
    자릿수 ▼ 을(를) 1 만큼 바꾸기

자릿수 ▼ 을(를) 1 만큼 바꾸기
X 와 의 결합하기 와 Y 와 승 = 결합하기 와 X의Y승 결합하기 결합하기 을(를) 3 초동안 말하기
결과는 와 자릿수 와 자리입니다. 결합하기 결합하기 말하기
```

PART II 실력 향상 문제

35

정수를 입력받고, 음수이면 "음수", 양수이면 "양수", 0이면, "0"을 말하세요.

실 행 화 면

힌트

0보다 크면 양수,
0보다 작으면 음수이다.

데이터

변수 만들기

스크립트

```
[깃발] 클릭했을 때
숫자▼ 을(를) 0 로 정하기
숫자를 입력하세요. 묻고 기다리기
숫자▼ 을(를) 대답 로 정하기
만약 <숫자 > -100000000000> 그리고 <숫자 < 100000000000> 라면
    만약 <숫자 = 0> 라면
        0 말하기
    아니면
        만약 <숫자 > 0> 라면
            양수 말하기
        아니면
            음수 말하기
아니면
    잘못된 값입니다. 말하기
```

PART Ⅱ 실력 향상 문제

36

0보다 큰 두 정수를 입력받아서 사칙연산(+, -, *, /) 결과와 그 결과들의 합을 말하세요.

실 행 화 면

●스크립트가 고속으로 동작하는 터보 모드●

스크래치 스크립트를 고속으로 동작하게 하려면 '메뉴' 〉 '편집' 〉 '터보' 모드를 선택하고 스크래치를 실행합니다. 일반 모드를 돌아가려면 메뉴의 터보 모드를 다시 선택하여 해제합니다. 고속 모드를 사용하면 스크래치 블록이 너무 빨리 진행될 수 있으므로 상황에 맞게 잘 선택해서 사용하세요.

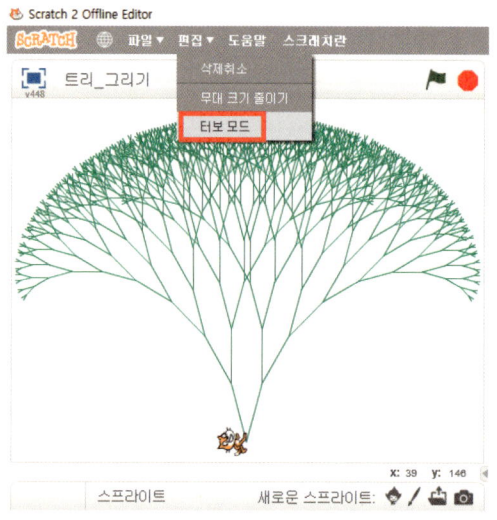

PART Ⅱ 실력 향상 문제

스크립트

```
[깃발] 클릭했을 때
숫자1 ▼ 을(를) 0 로 정하기
(숫자1 > 0  그리고  숫자2 > 0) 까지 반복하기
    숫자를 입력하세요.  묻고 기다리기
    숫자1 ▼ 을(를) 대답 로 정하기
    다음 숫자를 입력하세요. 묻고 기다리기
    숫자2 ▼ 을(를) 대답 로 정하기

덧셈 ▼ 을(를) (숫자1 + 숫자2) 로 정하기
(숫자1 와 + 결합하기) 와 (숫자2) 와 (= 와 덧셈 결합하기) 결합하기 결합하기 을(를) 1 초동안 말하기
뺄셈 ▼ 을(를) (숫자1 - 숫자2) 로 정하기
(숫자1 와 - 결합하기) 와 (숫자2) 와 (= 와 뺄셈 결합하기) 결합하기 결합하기 을(를) 1 초동안 말하기
곱셈 ▼ 을(를) (숫자1 * 숫자2) 로 정하기
(숫자1 와 x 결합하기) 와 (숫자2) 와 (= 와 곱셈 결합하기) 결합하기 결합하기 을(를) 1 초동안 말하기
나눗셈 ▼ 을(를) (숫자1 / 숫자2) 로 정하기
(숫자1 와 / 결합하기) 와 (숫자2) 와 (= 와 나눗셈 결합하기) 결합하기 결합하기 을(를) 1 초동안 말하기
합 ▼ 을(를) (덧셈 + 뺄셈 + 곱셈 + 나눗셈) 로 정하기
(사칙연산 결과 합 = 와 합 결합하기) 말하기
```

121

37

1~20 범위의 정수 n을 입력받고 팩토리얼(n!) 계산 값을 말하세요. 만약 범위를 벗어난 값이면 다시 입력받아서 처리하세요.

실행화면

PART II 실력 향상 문제

힌 트

팩토리얼은
1부터 지정된 숫자까지의 곱입니다.
(예) 5! = 5 * 4 * 3 * 2 * 1

데 이 터

변수 만들기

스 크 립 트

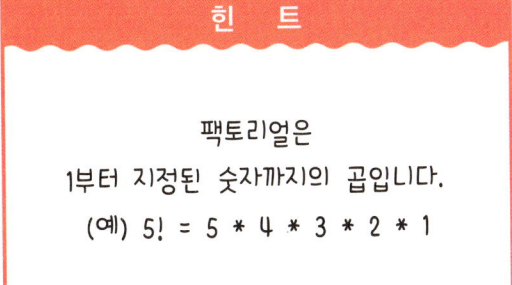

38

0보다 큰 구의 지름을 입력받고, 구의 표면적을 계산하여 말하세요.

실 행 화 면

PART II 실력 향상 문제

힌 트

구의 표면적 = $4\pi R^2$
단, π는 3.141592
R은 구의 반지름

데 이 터

변수 만들기
- 반지름
- 지름
- 파이
- 표면적

스 크 립 트

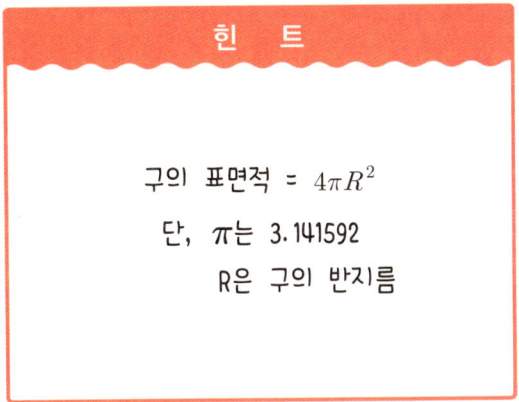

39

0보다 큰 구의 지름을 입력받고, 구의 부피를 계산하여 말하세요.

실 행 화 면

PART II 실력 향상 문제

힌 트

구의 부피 = $\frac{4}{3}\pi R^3$

단, π는 3.141592
R은 구의 반지름

데 이 터

변수 만들기

- 반지름
- 부피
- 지름
- 파이

스 크 립 트

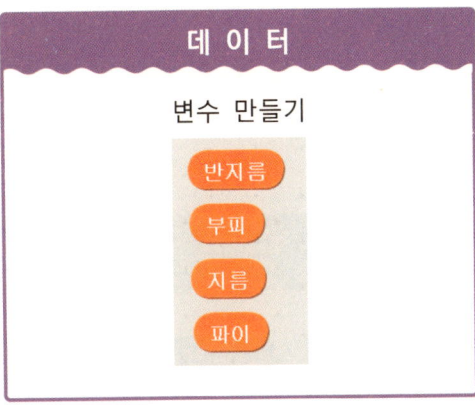

40 1~100 사이 수에서 제곱 값이 500을 넘지 않는 가장 큰 수와 그 제곱 값을 말하세요.

실행화면

힌트

500의 제곱근을 구하고 그것의 버림 정수를 구하면 가장 큰 수입니다.

데이터

변수 만들기

PART Ⅱ  실력 향상 문제

스크립트

```
클릭했을 때
최대▼ 을(를) 500 로 정하기
수▼ 을(를) 바닥 함수▼ ( 제곱근▼ ( 최대 ) ) 로 정하기
1~100에서 제곱이 500을 넘지 않는 최대 값은 와 수 결합하기 와 이고, 제곱 값은 와 수 * 수 결합하기 결합하기 말하기
```

●블록 삽입하기●

블록을 중간에 삽입할 때는 블록을 삽입 위치에 이동했을 때 바뀌는 모습이 나타납니다. 원하는 구조가 아닌 경우에는 블록을 분리시킨 후에 삽입해야 합니다. 예를 들어 다음과 같은 구조에서 반복하기 블록을 붉은 영역을 감싸도록 하려면 다음처럼 진행합니다.

(1) 블록을 다음처럼 분리합니다.

(2) 반복하기를 블록들의 좌측 상단으로 이동하여 감싸줍니다.

(3) 분리된 블록을 이동하여 서로 연결합니다.

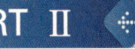

41

1에서 N까지 숫자에서 짝수 합을 구하여 말하세요.

실 행 화 면

힌트

짝수인지 검사하여 짝수들의 합계를 구할 수 있습니다. 2로 나눈 나머지가 0이면 짝수입니다. 또는 짝수 합을 구하는 공식으로 계산할 수도 있습니다. 짝수 합 = n * (n+1), 이때 n은 짝수 개수입니다.

데이터

변수 만들기
- n
- 수
- 합

스크립트

```
클릭했을 때
수▼ 을(를) 0 로 정하기
합▼ 을(를) 0 로 정하기
n▼ 을(를) 2 로 정하기
수 > 1 까지 반복하기
    1~n까지의 짝수 합을 구합니다. 2 이상의 n을 입력하세요 묻고 기다리기
    수▼ 을(를) 대답 로 정하기
n > 수 까지 반복하기
    만약 n 나누기 2 의 나머지 = 0 라면
        합▼ 을(를) n 만큼 바꾸기
    n▼ 을(를) 1 만큼 바꾸기
1에서 와 수 결합하기 와 까지 짝수 합은 와 합 결합하기 결합하기 결합하기 말하기
```

PART II 실력 향상 문제

스크립트 (공식 이용한 방법)

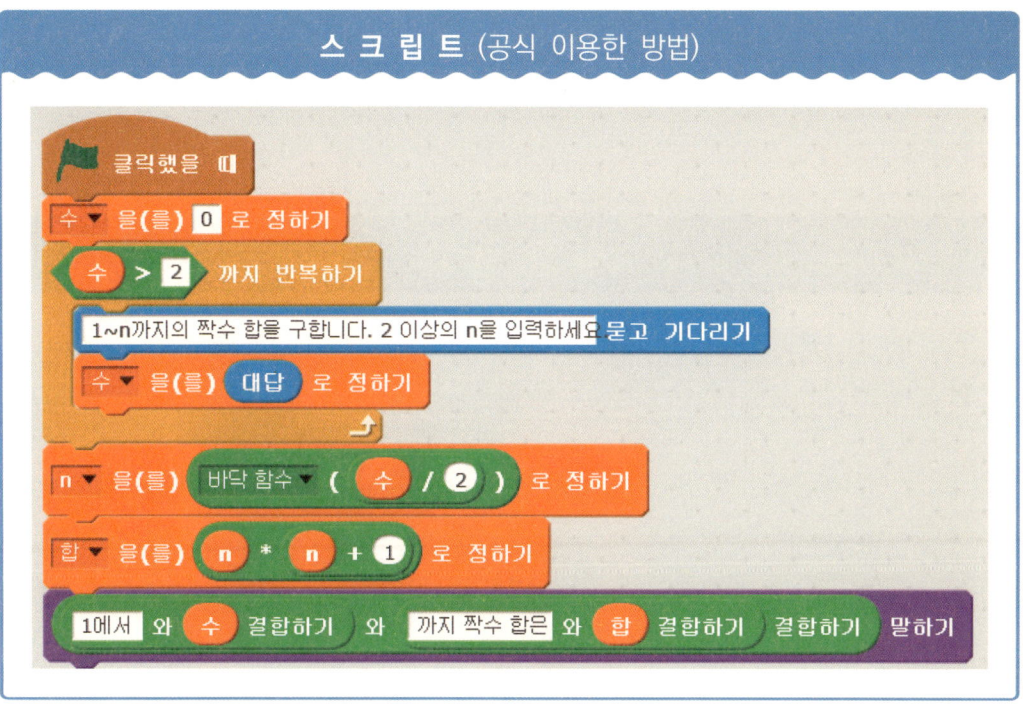

•─── 1~N까지의 짝수 합을 구하는 공식 ───•

왼쪽 블록 그림은 짝수가 2, 4, 6, 8처럼 증가하는 구조입니다.
그 구조를 오른쪽처럼 변경하면 직사각형 꼴이 만들어지는데 그 넓이가 바로 짝수 합입니다.
그러므로 1부터 특정 숫자까지의 짝수 합은 그 범위에 들어간 짝수 개수 n을 이용하여 다음 공식처럼 계산할 수 있습니다.

짝수 합 = (n + 1) × n   (단, n은 짝수 개수)

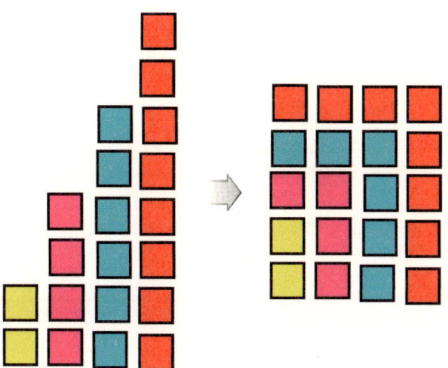

42

1에서 N까지 숫자에서 홀수 합을 구하여 말하세요.

실행화면

힌 트

홀수인지 검사하여 홀수들의 합계를 구할 수 있습니다. 2로 나눈 나머지가 1이면 홀수입니다. 또는 홀수 합을 구하는 공식으로 계산할 수도 있습니다. 홀수 합 = n * n, 이때 n은 홀수 개수입니다.

데이터

스크립트

```
클릭했을 때
수▼ 을(를) 0 로 정하기
합▼ 을(를) 0 로 정하기
n▼ 을(를) 1 로 정하기
수 > 0 까지 반복하기
    1~n까지의 홀수 합을 구합니다. 1 이상의 n을 입력하세요 묻고 기다리기
    수▼ 을(를) 대답 로 정하기

n > 수 까지 반복하기
    만약 n 나누기 2 의 나머지 = 1 라면
        합▼ 을(를) n 만큼 바꾸기
    n▼ 을(를) 1 만큼 바꾸기

1에서 와 수 결합하기 와 까지 홀수 합은 와 합 결합하기 결합하기 말하기
```

스크립트

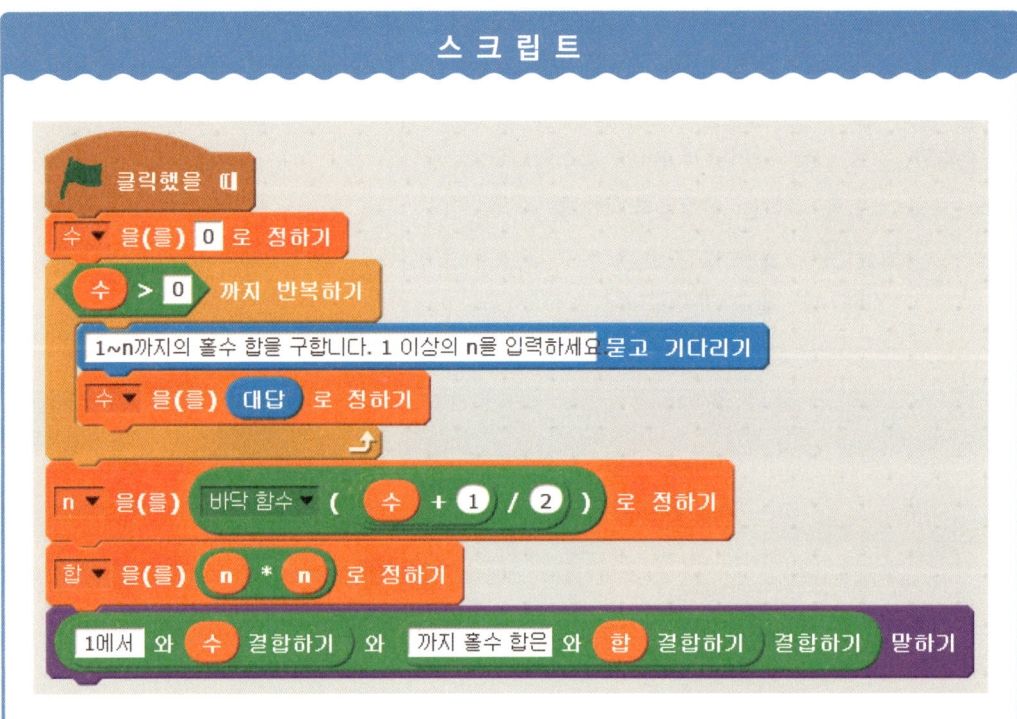

●━━━ 1~N까지의 홀수 합을 구하는 공식 ━━━●

왼쪽 블록 그림은 홀수가 1, 3, 5, 7처럼 증가하는 구조입니다.
그 구조를 오른쪽처럼 변경하면 정사각형 꼴이 만들어지는데 그 넓이가 바로 홀수 합이다.
즉, 1부터 특정 숫자까지의 홀수 합은 그 범위에 들어간 홀수 개수 n을 이용하여 다음 공식처럼 계산할 수 있습니다.

1~N 홀수 합 = n x n   (단, n은 홀수 개수)

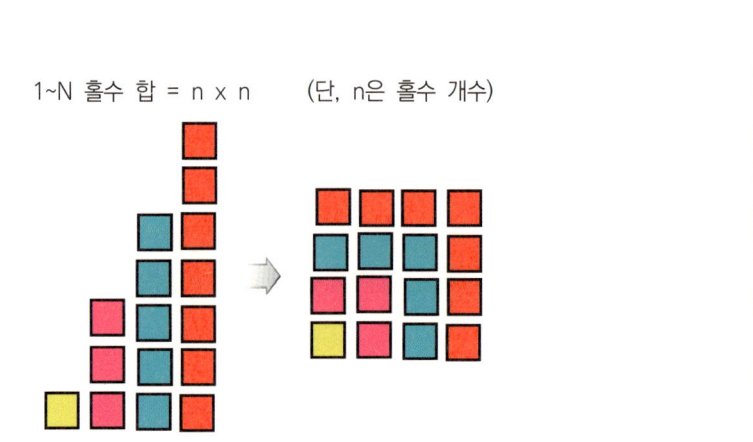

 **실력 향상 문제**

43
1에서 100까지 숫자에서 3의 배수 합을 구하여 말하세요.

실 행 화 면

힌 트
1 이상의 숫자에서 3으로 나눈 나머지가 0이면 3의 배수입니다.

데 이 터
변수 만들기

스크립트

```
[깃발] 클릭했을 때
배수▼ 을(를) 3 로 정하기
수▼ 을(를) 100 로 정하기
n▼ 을(를) 1 로 정하기
합▼ 을(를) 0 로 정하기
(수) 번 반복하기
    만약 ( (n) 나누기 (배수) 의 나머지 = 0 ) 라면
        합▼ 을(를) (n) 만큼 바꾸기
    n▼ 을(를) 1 만큼 바꾸기
1에서 와 (수) 결합하기 와 까지 3의 배수 합은 와 (합) 결합하기 결합하기 말하기
```

스크립트 (공식을 이용한 방법)

```
[깃발] 클릭했을 때
배수▼ 을(를) 3 로 정하기
수▼ 을(를) 100 로 정하기
n▼ 을(를) ( 바닥 함수▼ ( (수) / (배수) ) ) 로 정하기
합▼ 을(를) ( (배수) * ( (n) + 1 ) * (n) / 2 ) 로 정하기
1에서 와 (수) 결합하기 와 까지 3의 배수 합은 와 (합) 결합하기 결합하기 말하기
```

PART II 실력 향상 문제

● 1에서 n까지의 합 구하기 ●

왼쪽 그림은 1부터 n까지 블록 숫자로 나열한 그림이고 이 넓이가 합입니다. 이러한 블록을 하나 더 만들어서 결합하면 오른쪽 구조가 됩니다. 즉, 오른쪽 구조의 블록 넓이를 2로 나누면 1부터 n까지의 합을 구할 수 있습니다.

1~n 합 = n * (n + 1) / 2

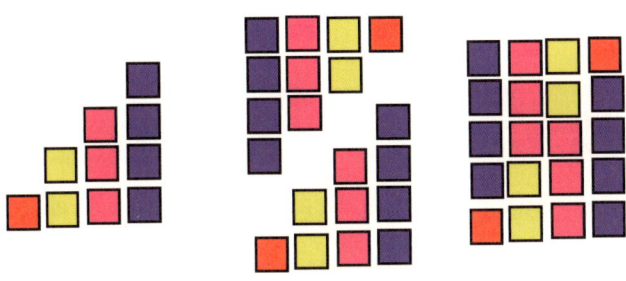

● 어떤 수의 배수 합 구하기 ●

앞에서 1~n까지 합을 구한 공식을 활용하면 배수의 합계도 구할 수 있습니다.
예를 들어, 3의 배수를 나타낸 블록은 다음 그림과 같습니다.
높이는 배수를 의미하고 그것이 1, 2, 3, 4개씩 증가한 구조입니다.
그러므로 배수 a에 1부터 배수 개수까지의 합을 곱하면 그 넓이가 합계가 됩니다.

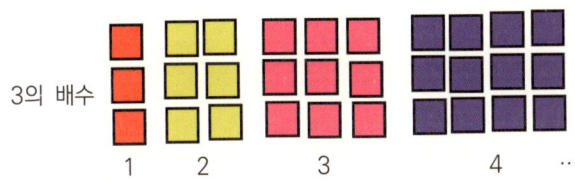

예를 들어, 2의 배수, 3의 배수가 n개이면 다음 공식으로 합을 구할 수 있습니다.

2의 배수 합 = 2 * n * (n + 1) / 2 = n * (n + 1)
3의 배수 합 = 3 * n * (n + 1) / 2

그리고 이 공식을 일반화한 a 배수의 합 공식은 다음과 같습니다.

a의 배수 합 = a * n * (n + 1) / 2

44

다음 자료에 나온 숫자(1~5)의 각 횟수를 말하세요.

자료: 1, 2, 5, 2, 4, 5, 1, 5, 5, 3, 3, 1

출력: 1:3, 2:2, 3:2, 4:1, 5:4를 1초 간격으로 말합니다.

실행화면

데이터

변수 만들기

- n
- 수
- 임시
- 항목수

데이터

리스트 만들기

- 데이터
- 숫자횟수

스크립트

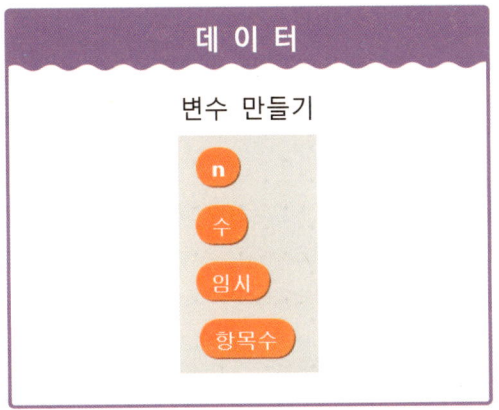

- 클릭했을 때
- 항목수 을(를) 12 로 정하기
- n 을(를) 1 로 정하기
- 모두 번째 항목을 데이터 에서 삭제하기
- 데이터초기화
- n 을(를) 1 로 정하기
- 항목수 번 반복하기
  - 임시 을(를) n 번째 데이터 항목 번째 숫자횟수 항목 로 정하기
  - n 번째 데이터 항목 번째 숫자횟수 의 항목을 임시 + 1 (으)로 바꾸기
  - n 을(를) 1 만큼 바꾸기
- n 을(를) 1 로 정하기
- 5 번 반복하기
  - 수 을(를) 0 로 정하기
  - n 와 : 와 n 번째 숫자횟수 항목 결합하기 결합하기 을(를) 1 초동안 말하기
  - n 을(를) 1 만큼 바꾸기

스크립트

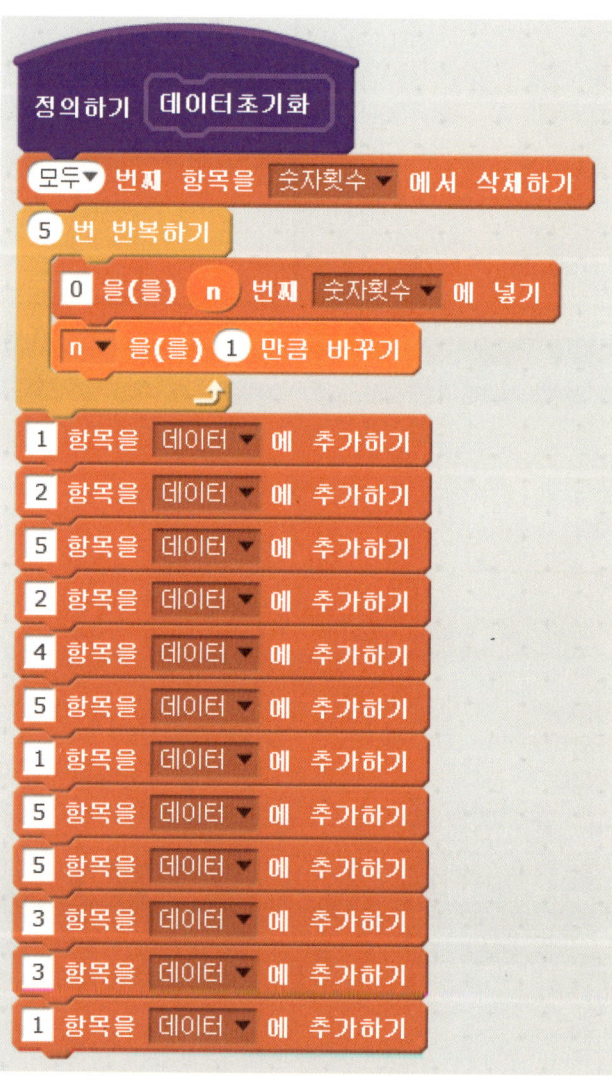

PART II 실력 향상 문제

●추가블록 만들어 사용하기●

추가블록을 이용하면 스크립트 재활용이 가능합니다. 즉, 추가블록을 만들고 그 스크립트 블록을 여러 곳에서 불러서 쓸 수 있습니다. 추가블록을 만들 때는 추가블록에 전달한 정보들(전달인수)을 지정할 수도 있습니다. 단, 추가블록은 반환 값은 돌려주지 않으므로 스크립트 데이터에서 변수를 만들고(예를 들어, '결과'라는 이름의 변수) 그 변수를 이용하여 결과 값을 전달하세요. 다음 예제는 '더하기' 추가블록에 두 정수를 전달하고, '결과' 변수에 담겨진 값을 말합니다.

1) 스크립트 '데이터'에서 새로운 '결과' 변수를 만듭니다.

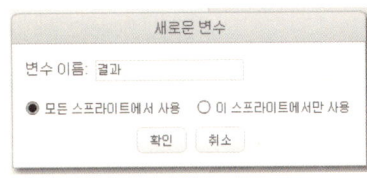

2) 스크립트 '추가 블록'에서 '블록 만들기'를 클릭하여 '더하기' 추가블록을 만듭니다.
   더하기 블록에 값을 전달하기 위해 매개변수 두 개를 추가하세요(추가블록 이름 입력칸 아래의 '선택사항'을 클릭하고, 추가할 매개변수 우측 아이콘을 클릭합니다).

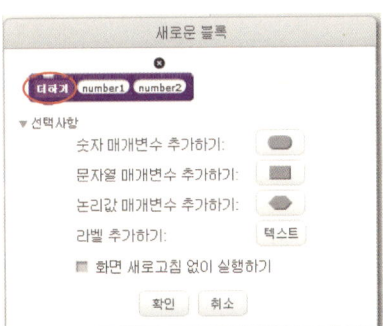

3) 더하기 블록 머리가 만들어진 부분을 다음처럼 완성합니다.

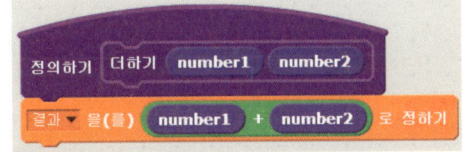

4) 클릭했을 때 실행할 스크립트를 추가로 작성합니다.

5) 녹색깃발을 눌러서 스크립트를 실행하면 다음처럼 결과 값을 볼 수 있습니다.

143

45 10에서 999까지의 숫자에서 각 단위가 같은 숫자로 이루어진 수를 0.5초 간격으로 말하세요.

실행화면

데 이 터

변수 만들기

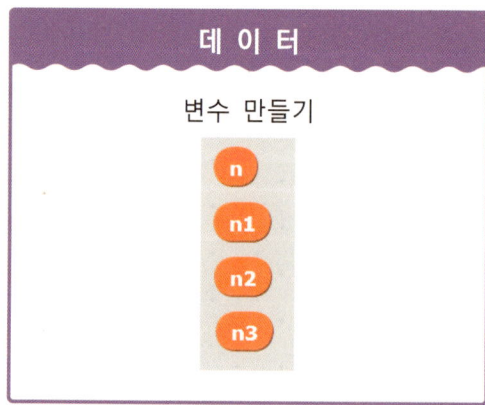

PART II 실력 향상 문제

스크립트

- 🚩 클릭했을 때
- n ▼ 을(를) 10 로 정하기
- 99 번 반복하기
  - n1 ▼ 을(를) 1 번째 글자 (n) 로 정하기
  - n2 ▼ 을(를) 2 번째 글자 (n) 로 정하기
  - 만약 n1 = n2 라면
    - n 을(를) 0.5 초동안 말하기
  - n ▼ 을(를) 1 만큼 바꾸기
- 900 번 반복하기
  - n1 ▼ 을(를) 1 번째 글자 (n) 로 정하기
  - n2 ▼ 을(를) 2 번째 글자 (n) 로 정하기
  - n3 ▼ 을(를) 3 번째 글자 (n) 로 정하기
  - 만약 n1 = n2 그리고 n1 = n3 라면
    - n 을(를) 0.5 초동안 말하기
  - n ▼ 을(를) 1 만큼 바꾸기

46 리스트에 정수 20, -10, 5, -4, -11, 6, -1 값이 있을 때, 리스트의 항목 값을 차례대로 말하고, 그중에서 음수 합을 말하세요.

실 행 화 면

PART II 실력 향상 문제

스크립트

```
[깃발] 클릭했을 때
n ▼ 을(를) 1 로 정하기
음수합 ▼ 을(를) 0 로 정하기
데이터 ▼ 리스트의 항목 수 번 반복하기
    n 번째 데이터 ▼ 항목 을(를) 0.5 초동안 말하기
    만약 < n 번째 데이터 ▼ 항목 < 0 > 라면
        음수합 ▼ 을(를) n 번째 데이터 ▼ 항목 만큼 바꾸기
    n ▼ 을(를) 1 만큼 바꾸기
음수 합 = 와 음수합 결합하기 말하기
```

47 헤론(Heron)의 공식을 이용하여 각 변 A, B, C가 3, 4, 5인 삼각형 넓이(면적)를 구하세요.

실행화면

PART II 실력 향상 문제

힌 트

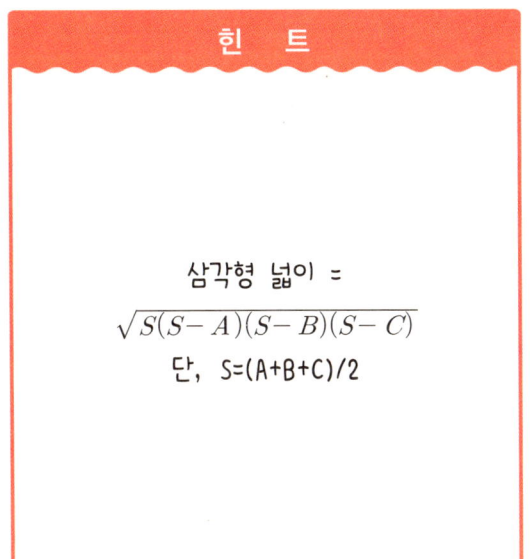

삼각형 넓이 =
$\sqrt{S(S-A)(S-B)(S-C)}$
단, S=(A+B+C)/2

데 이 터

변수 만들기

- A
- B
- C
- S
- X
- Y
- Z
- 삼각형넓이

스 크 립 트

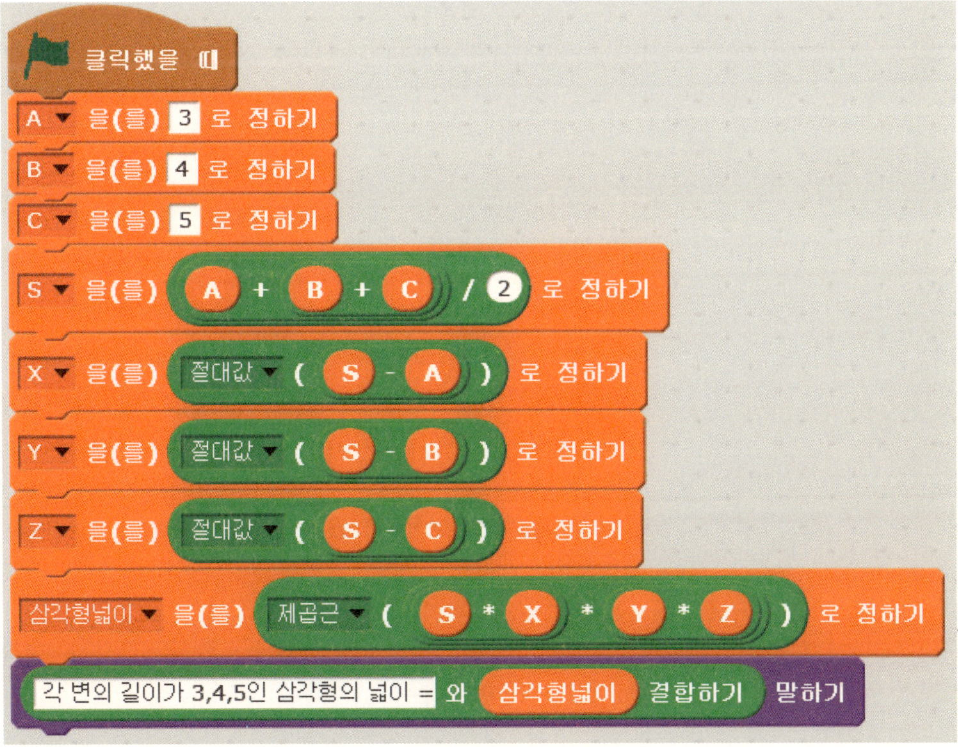

클릭했을 때
- A 을(를) 3 로 정하기
- B 을(를) 4 로 정하기
- C 을(를) 5 로 정하기
- S 을(를) (A + B + C) / 2 로 정하기
- X 을(를) 절대값 (S - A) 로 정하기
- Y 을(를) 절대값 (S - B) 로 정하기
- Z 을(를) 절대값 (S - C) 로 정하기
- 삼각형넓이 을(를) 제곱근 (S * X * Y * Z) 로 정하기
- 각 변의 길이가 3,4,5인 삼각형의 넓이 = 와 삼각형넓이 결합하기 말하기

● 헤론의 공식 (위키백과 참조) ●

헤론(Heron)의 공식을 이용하면 삼각형의 세 변의 길이를 통해 넓이를 구할 수 있습니다.
이 공식을 사용하면 높이를 따로 구할 필요가 없기 때문에, 토지 넓이를 구하는 데도 사용될 수 있습니다. 길이가 각 a, b, c 선분으로 이루어진 삼각형이 있을 때, 넓이 S는 다음과 같습니다.

$$S = \sqrt{s(s-a)(s-b)(s-c)}$$

단, s는 다음과 같아야 합니다.

$$s = \frac{a+b+c}{2}$$

이외에 다음과 같은 공식으로도 넓이를 구할 수 있으니 참고하기 바랍니다.

$$S = \frac{1}{4}\sqrt{(a+b+c)(-a+b+c)(a-b+c)(a+b-c)}$$
$$S = \frac{1}{4}\sqrt{2(a^2b^2 + a^2c^2 + b^2c^2) - (a^4 + b^4 + c^4)}$$
$$S = \frac{1}{4}\sqrt{(a^2+b^2+c^2)^2 - 2(a^4+b^4+c^4)}$$
$$S = \frac{1}{4}\sqrt{4a^2b^2 - (a^2+b^2-c^2)^2}$$

PART Ⅱ 실력 향상 문제

48 첫날에 1원, 둘째 날에 2원, 셋째 날에 4원씩 매일 두 배씩 증가하여 저축할 때, 30일째 되는 날에 저축해야 하는 금액을 말하세요.

실 행 화 면

데이터

변수 만들기

스크립트

```
▶ 클릭했을 때
금액▼ 을(를) 1 로 정하기
29 번 반복하기
    금액▼ 을(를) 금액 만큼 바꾸기
30일째 저축할 금액 =  와  금액  와  원 결합하기  결합하기  말하기
```

PART II   실력 향상 문제

49 1에서 n까지의 숫자 합이 1,000을 넘어가는 가장 작은 정수 n을 말하세요.

실 행 화 면

데이터

변수 만들기

스크립트

```
▶ 클릭했을 때
n ▼ 을(를) 1 로 정하기
합 ▼ 을(를) 0 로 정하기
무한 반복하기
    합 ▼ 을(를) n 만큼 바꾸기
    만약 합 > 1000 라면
        1~n 숫자 합이 1000을 넘어가는 가장 작은 정수 = 와 n 결합하기 을(를) 5 초동안 말하기
        모두 ▼ 멈추기
    n ▼ 을(를) 1 만큼 바꾸기
```

PART II 실력 향상 문제

50 1에서 n까지의 숫자 합이 10,000을 넘지 않는 가장 큰 정수 n을 말하세요.

실 행 화 면

PART II 실력 향상 문제

51 서로 다른 수를 세 개 입력받고, 크기가 중간인 수를 말하세요. 만약 같은 수를 입력받으면 다시 입력받으세요.

실행화면

데이터

변수 만들기
- a
- b
- c
- mid

스크립트

(계속)

PART II 실력 향상 문제

스크립트

```
만약 <a > b> 그리고 <a > c> 라면
    만약 <b > c> 라면
        mid 을(를) b 로 정하기
    아니면
        mid 을(를) c 로 정하기

만약 <b > a> 그리고 <b > c> 라면
    만약 <a > c> 라면
        mid 을(를) a 로 정하기
    아니면
        mid 을(를) c 로 정하기

만약 <c > a> 그리고 <c > b> 라면
    만약 <a > b> 라면
        mid 을(를) a 로 정하기
    아니면
        mid 을(를) b 로 정하기

(중간 수는 와 mid 결합하기) 을(를) 5 초동안 말하기
모두 ▼ 멈추기
```

159

52 용돈 11만 원에서 매일 3,000원씩 사용하되 7일째 되는 날에는 그 두 배를 사용할 때, 음수 금액이 되지 않는 가장 늦은 날짜 수를 말하세요.

실 행 화 면

PART II 실력 향상 문제

데이터

변수 만들기
- day
- money

스크립트

```
[깃발] 클릭했을 때
money 을(를) 110000 로 정하기
day 을(를) 0 로 정하기
무한 반복하기
    만약 money < 1 라면
        용돈이 남아 있는 최종일은 와 day - 1 결합하기 을(를) 5 초 동안 말하기
        모두 멈추기

    만약 0 = day 나누기 7 의 나머지 그리고 day > 0 라면
        money 을(를) -6000 만큼 바꾸기
    아니면
        money 을(를) -3000 만큼 바꾸기

    day 을(를) 1 만큼 바꾸기
```

53

숫자를 입력받고 정수이면 "정수입니다.", 실수이면 "실수입니다."를 말하세요. 단, -9999가 입력되면 종료하세요.

실행화면

PART II 실력 향상 문제

데 이 터
변수 만들기
n

스크립트

```
클릭했을 때
대답 = -9999 까지 반복하기
    정수인지 실수인지 확인할 숫자를 입력하세요(종료=-9999) 묻고 기다리기
    n 을(를) 0 로 정하기
    만약 대답 = 천장 함수 ( 대답 ) 라면
        정수입니다. 말하기
    아니면
        실수입니다. 말하기
    1 초 기다리기
종료합니다. 말하기
```

54

정사각형 한 변의 길이(1보다 큰 숫자)를 입력하면 꼭짓점에서 중심까지의 거리를 구하여 말하세요.

실 행 화 면

PART II 실력 향상 문제

힌 트

정사각형 내부 대각선 길이의 반절이 중심까지의 거리입니다.

데 이 터

변수 만들기

스 크 립 트

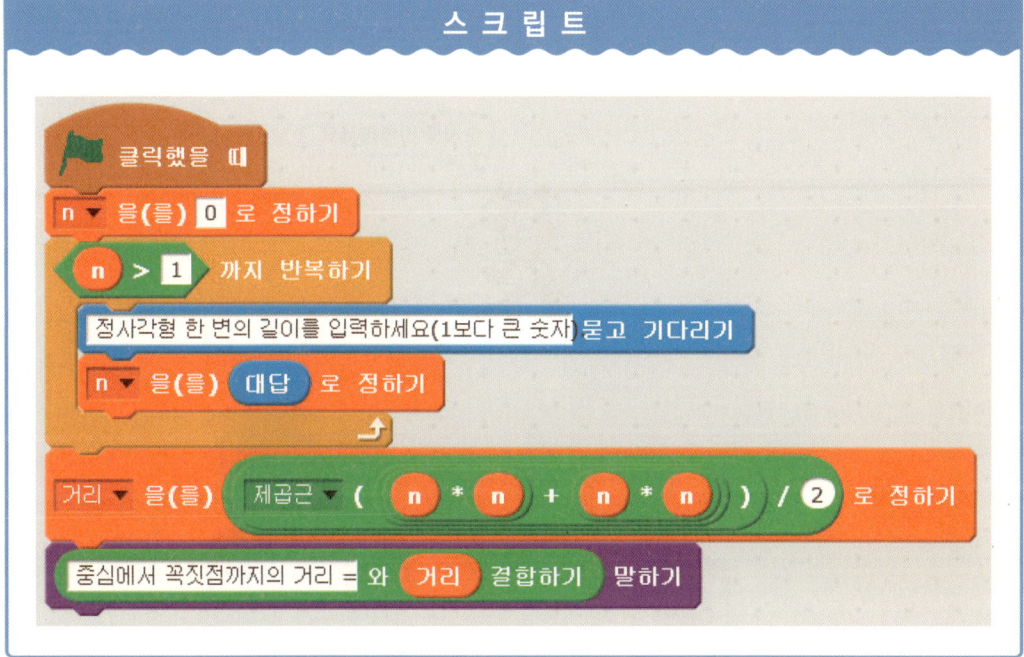

55

열 개 숫자를 입력받은 후에 오름차순(1 2 3...)으로 정리하여 말하세요.

실 행 화 면

 **실력 향상 문제**

힌 트

오름차순으로 정렬하려면 각 항목을 비교하여 작은 것부터 큰 순서로 배치해야 합니다.

데이터

변수 만들기   리스트 만들기

스크립트

스 크 립 트

정의하기 오름차순 정렬하기

i ▼ 을(를) 2 로 정하기
9 번 반복하기
　j ▼ 을(를) 1 로 정하기
　9 번 반복하기
　　만약 i 번째 Data ▼ 항목 < j 번째 Data ▼ 항목 라면
　　　임시 ▼ 을(를) i 번째 Data ▼ 항목 로 정하기
　　　i 번째 Data ▼ 의 항목을 j 번째 Data ▼ 항목 (으)로 바꾸기
　　　j 번째 Data ▼ 의 항목을 임시 (으)로 바꾸기
　　j ▼ 을(를) 1 만큼 바꾸기
　i ▼ 을(를) 1 만큼 바꾸기

56

45, 50, 70, 85, 90, 100인 점수 평균과 중간값을 구하여 말하세요. 중간값과 평균에서 소수점 이하는 버리세요.

실 행 화 면

힌트

중간값은 가운데 있는 값이며 짝수인 경우에는 가운데 두 수의 평균입니다.

데이터

변수 만들기 리스트 만들기
(체크 표시할 것)

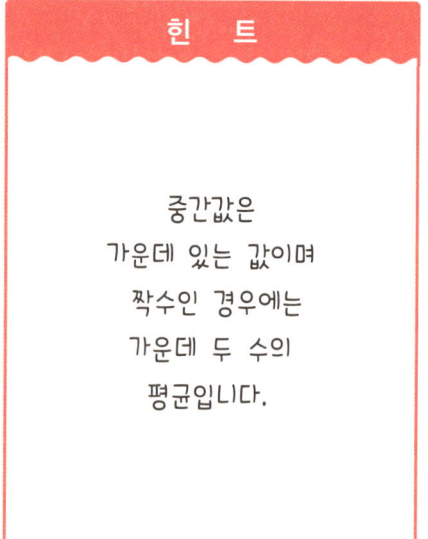

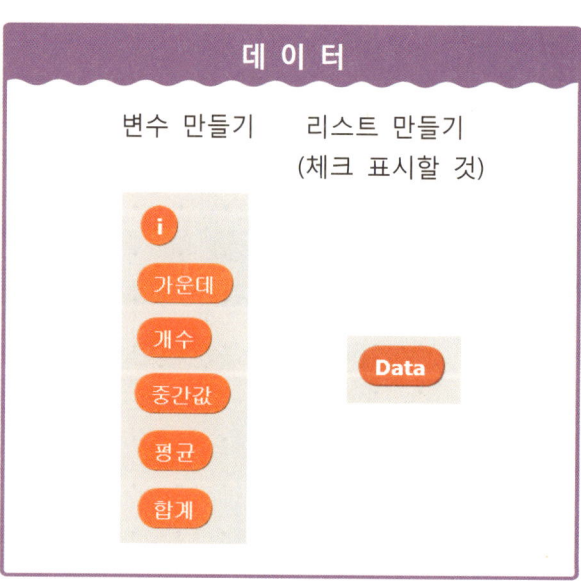

스크립트

PART II 실력 향상 문제

57 60, 70, 65, 85, 95, 88, 100, 75, 50의 평균과 분산, 표준편차를 소수점 이하 반올림하여 말하세요.

[참고] 분산과 표준편차는 각 값이 얼마나 흩어져 있는지 알려줍니다.

분산은 평균과 각 항목의 차이를 구하고 그것들의 제곱 합을 항목 수로 나눈 값입니다(분산 = 편차 제곱의 평균값). 그런데 제곱 계산 때문에 분산 값은 너무 커질 수 있기에 분산의 제곱근 값(즉, 표준편차)을 이용하여 흩어짐을 계산합니다.

실 행 화 면

힌 트

분산은 (평균-점수i) 제곱의 합을 점수 개수로 나눈 값입니다.
표준편차는 sqrt(분산) 블록 연산으로 구할 수 있습니다.

데 이 터

변수 만들기   리스트 만들기

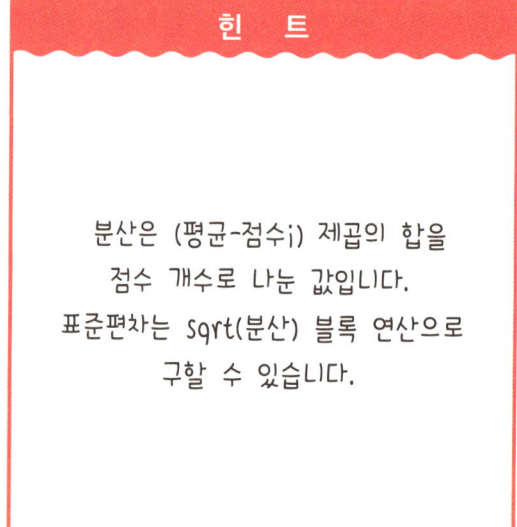

스 크 립 트

PART II 실력 향상 문제

스크립트

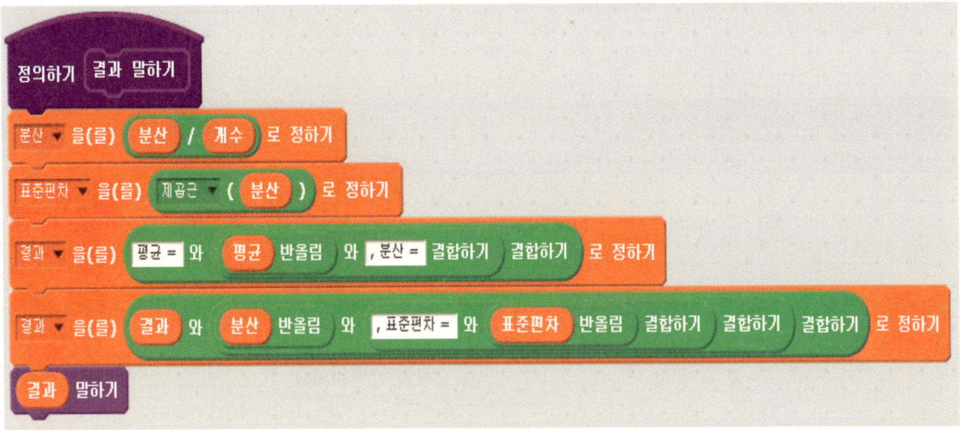

정의하기 결과 말하기

분산 ▼ 을(를) 분산 / 개수 로 정하기

표준편차 ▼ 을(를) 제곱근 ▼ (분산) 로 정하기

결과 ▼ 을(를) 평균 = 와 평균 반올림 와 ,분산 = 결합하기 결합하기 로 정하기

결과 ▼ 을(를) 결과 와 분산 반올림 와 ,표준편차 = 와 표준편차 반올림 결합하기 결합하기 결합하기 로 정하기

결과 말하기

58

$y(x) = 5x^3-3x^2+2x-1$일 때, 두 수 a, b를 입력받고 $y(a) - y(b)$ 계산을 하여 말하세요.

실행화면

PART II 실력 향상 문제

힌트

$y(x) = 5*x*x*x - 3*x*x + 2*x - 1$

데이터

스크립트

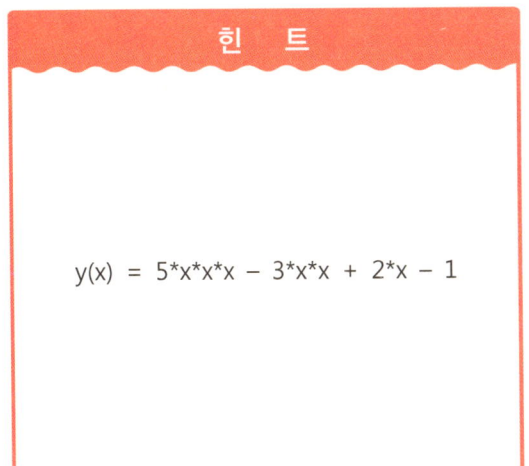

스크립트

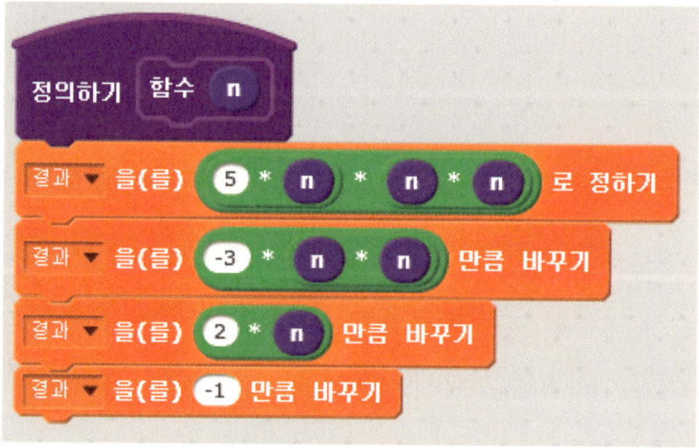

정의하기 함수 n

결과 을(를) 5 * n * n * n 로 정하기

결과 을(를) -3 * n * n 만큼 바꾸기

결과 을(를) 2 * n 만큼 바꾸기

결과 을(를) -1 만큼 바꾸기

PART II 실력 향상 문제

1~9 사이의 난수(random number; 무작위 수)를 100개 생성하여 출력하고, 각 숫자와 개수를 말하세요. 형식은 '각 숫자 : 개수'처럼 사용합니다.

실 행 화 면

PART II 실력 향상 문제

60

1에서 99 사이의 난수(random number, 무작위 수)를 생성하고, 추정값을 5번까지 입력받는 게임을 만드세요. 입력된 값이 난수보다 작으면 "그것보다 큽니다.", 크면 "그것보다 작습니다."를 출력하고, 값을 맞추면 "정답입니다!"를 출력하고 끝내세요. 단, 입력 횟수가 5회를 넘어가면 "실패했습니다!"를 출력하고 끝냅니다.

실 행 화 면

데이터

변수 만들기
- i
- 난수

스크립트

```
▶ 클릭했을 때
i ▼ 을(를) 1 로 정하기
난수 ▼ 을(를) 1 부터 99 사이의 난수 로 정하기
i > 5 까지 반복하기
    1~99 사이의 추측 값을 입력하세요. 묻고 기다리기
    만약 대답 = 난수 라면
        정답입니다! 을(를) 2 초동안 말하기
        모두 ▼ 멈추기
    아니면
        만약 대답 > 난수 라면
            그것보다 작습니다. 을(를) 2 초동안 말하기
        아니면
            그것보다 큽니다. 을(를) 2 초동안 말하기
    i ▼ 을(를) 1 만큼 바꾸기
실패했습니다! 을(를) 2 초동안 말하기
```

PART Ⅱ 실력 향상 문제

61 '2016/10/05', '2016/07/05', '2016/10/13' 자료를 'yyyy년m월m일' 형식으로 말하세요. 예; 2016년7월5일

실 행 화 면

데이터

변수 만들기

- c
- date1
- date2
- date3
- i
- 연월일

스크립트

▶ 클릭했을 때
date1 을(를) 2016/10/05 로 정하기
date2 을(를) 2016/07/05 로 정하기
date3 을(를) 2016/10/13 로 정하기
연월일변환 date1
  date1 와 -> 와 연월일 결합하기 결합하기 을(를) 2 초동안 말하기
연월일변환 date2
  date2 와 -> 와 연월일 결합하기 결합하기 을(를) 2 초동안 말하기
연월일변환 date3
  date3 와 -> 와 연월일 결합하기 결합하기 말하기

PART Ⅱ 실력 향상 문제

스크립트

정의하기 연월일변환 date

연월일▼ 을(를) ☐ 로 정하기
i▼ 을(를) 1 로 정하기
4 번 반복하기
　c▼ 을(를) i 번째 글자 (date) 로 정하기
　연월일▼ 을(를) 연월일 와 c 결합하기 로 정하기
　i▼ 을(를) 1 만큼 바꾸기

연월일▼ 을(를) 연월일 와 년 결합하기 로 정하기
c▼ 을(를) 6 번째 글자 (date) 로 정하기
만약 c = 0 가(이) 아니다 라면
　연월일▼ 을(를) 연월일 와 c 결합하기 로 정하기

c▼ 을(를) 7 번째 글자 (date) 로 정하기
연월일▼ 을(를) 연월일 와 c 결합하기 로 정하기
연월일▼ 을(를) 연월일 와 월 결합하기 로 정하기
c▼ 을(를) 9 번째 글자 (date) 로 정하기
만약 c = 0 가(이) 아니다 라면
　연월일▼ 을(를) 연월일 와 c 결합하기 로 정하기

c▼ 을(를) 10 번째 글자 (date) 로 정하기
연월일▼ 을(를) 연월일 와 c 결합하기 로 정하기
연월일▼ 을(를) 연월일 와 일 결합하기 로 정하기

62

성과 이름을 입력받고 가장 끝 이름을 *로 바꿔서 말하세요.
예를 들어, '홍길동' 이름을 입력하면 '홍길*' 형식으로 출력합니다.

실 행 화 면

PART II 실력 향상 문제

데 이 터

변수 만들기
- i
- name
- name2

스 크 립 트

```
[깃발] 클릭했을 때
당신은 이름은? 묻고 기다리기
name 을(를) 대답 로 정하기
name2 을(를) [ ] 로 정하기
i 을(를) 1 로 정하기
name 의 길이 = i 까지 반복하기
    name2 을(를) name2 와 i 번째 글자 ( name ) 결합하기 로 정하기
    i 을(를) 1 만큼 바꾸기
name2 을(를) name2 와 * 결합하기 로 정하기
name2 말하기
```

63

2자리 이상 양의 정수를 입력받고, 각 자리의 수를 반대로 말하세요.
예를 들어, 12345를 입력하면 54321을 출력합니다.

실 행 화 면

PART II 실력 향상 문제

데이터

변수 만들기

스크립트

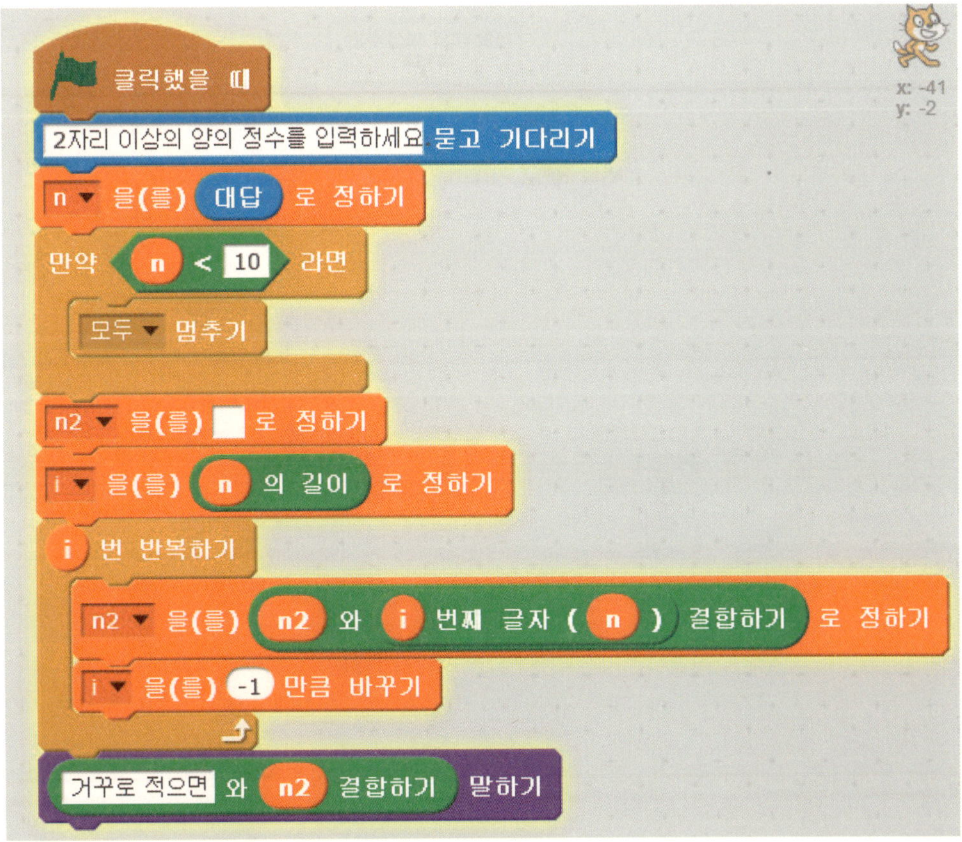

- 클릭했을 때
- 2자리 이상의 양의 정수를 입력하세요 묻고 기다리기
- n 을(를) 대답 로 정하기
- 만약 n < 10 라면
  - 모두 멈추기
- n2 을(를) ☐ 로 정하기
- i 을(를) n 의 길이 로 정하기
- i 번 반복하기
  - n2 을(를) n2 와 i 번째 글자 (n) 결합하기 로 정하기
  - i 을(를) -1 만큼 바꾸기
- 거꾸로 적으면 와 n2 결합하기 말하기

64 10진수 12586을 16진수로 말하세요.
16진수 표기는 0~9, A~F를 사용합니다.

실 행 화 면

PART II 실력 향상 문제

힌 트

1=1, 2=2, 3=3, 4=4, 5=5, 6=6,
7=7, 8=8, 9=9, 10=A, 11=B,
12=C, 13=D, 14=E, 15=F

데이터

변수 만들기

- n
- num
- temp
- x
- x_digit

스크립트

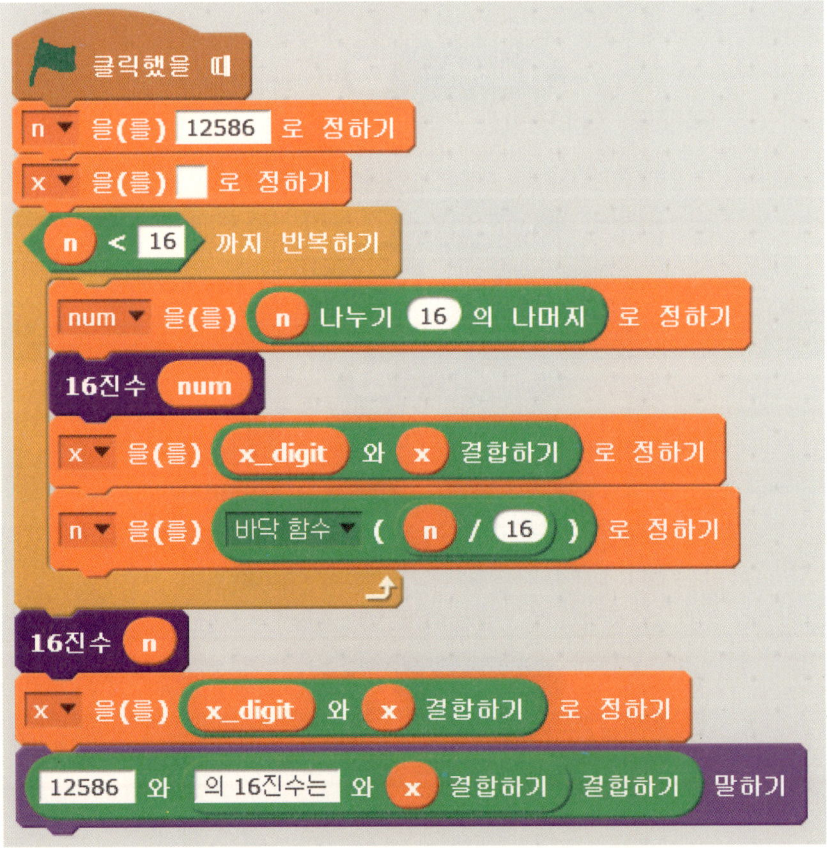

스크립트

정의하기 16진수 number1

temp ▼ 을(를) ☐ 로 정하기

만약 number1 < 10 라면
　x_digit ▼ 을(를) number1 로 정하기
아니면
　만약 number1 = 10 라면
　　x_digit ▼ 을(를) A 로 정하기
　만약 number1 = 11 라면
　　x_digit ▼ 을(를) A 로 정하기
　만약 number1 = 12 라면
　　x_digit ▼ 을(를) B 로 정하기
　만약 number1 = 13 라면
　　x_digit ▼ 을(를) C 로 정하기
　만약 number1 = 14 라면
　　x_digit ▼ 을(를) D 로 정하기
　만약 number1 = 15 라면
　　x_digit ▼ 을(를) E 로 정하기

PART Ⅱ　실력 향상 문제

65
네 자리 연도를 입력받고 양력 윤달이 있는 윤년인지 아닌지 말하세요.

[참고] 2월이 28일이면 평년, 29일이면 윤년이며, 29일인 달을 윤달이라고 부릅니다.

실 행 화 면

힌 트

해당 연도가 400으로 나눈 나머지가 0이면 무조건 윤년입니다. 그리고 4로 나눈 나머지가 0이면 윤년인데, 그중에서 100으로 나눈 나머지가 0인 해는 윤년이 아닙니다.

데 이 터

변수 만들기

연도

스크립트

```
클릭했을 때
무한 반복하기
    연도 을(를) 0 로 정하기
    연도 > 1582 그리고 연도 < 10000 까지 반복하기
        윤년인지 확인하고 싶은 연도를 입력하세요(1583~9999). 묻고 기다리기
        연도 을(를) 대답 로 정하기
    만약 연도 나누기 400 의 나머지 = 0 라면
        윤년입니다. 말하기
    아니면
        만약 연도 나누기 4 의 나머지 = 0 그리고 연도 나누기 100 의 나머지 = 0 가(이) 아니다 라면
            윤년입니다. 말하기
        아니면
            윤년이 아닙니다. 말하기
    3 초 기다리기
```

어린이 교통사고 자료가 다음과 같을 때 발생률을 소수점 이하 반올림하여 퍼센트로 나타내세요.

봄: 220건, 여름: 190건, 가을: 150건, 겨울: 310건

실 행 화 면

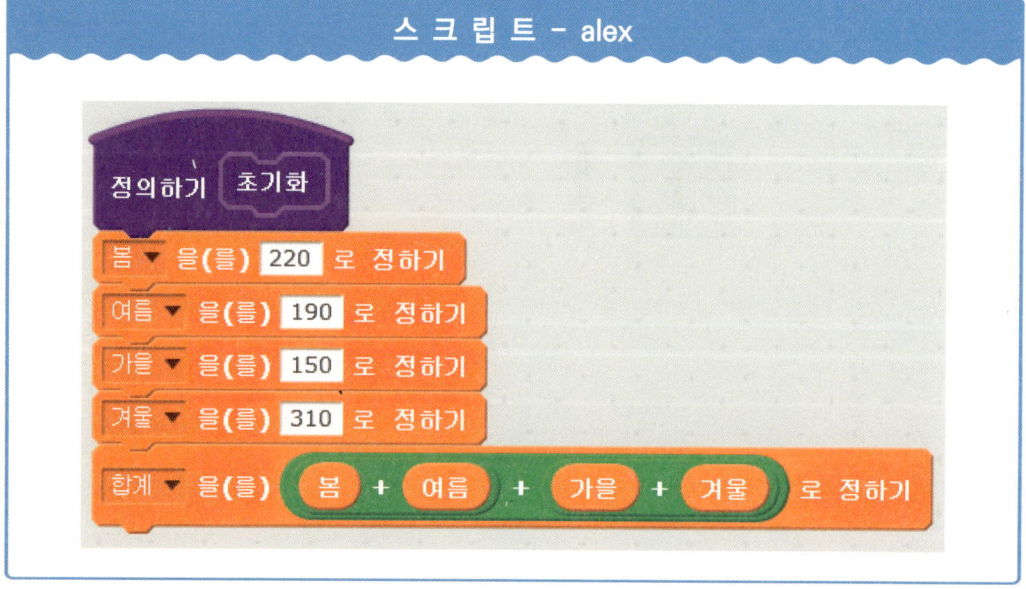

PART II 실력 향상 문제

스크립트

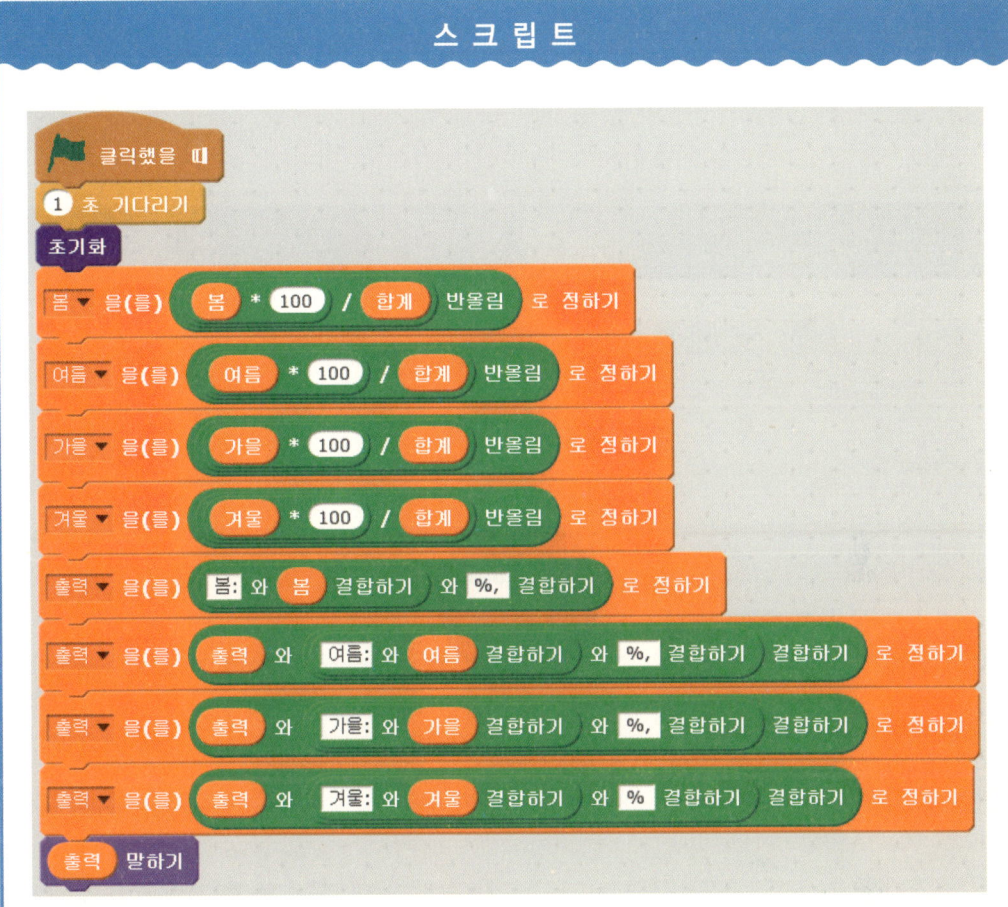

67

시:분:초 형식으로(예; 10:09:05) 현재 시간을 계속 보여줍니다.

실행화면

데이터

PART II 실력 향상 문제

스크립트

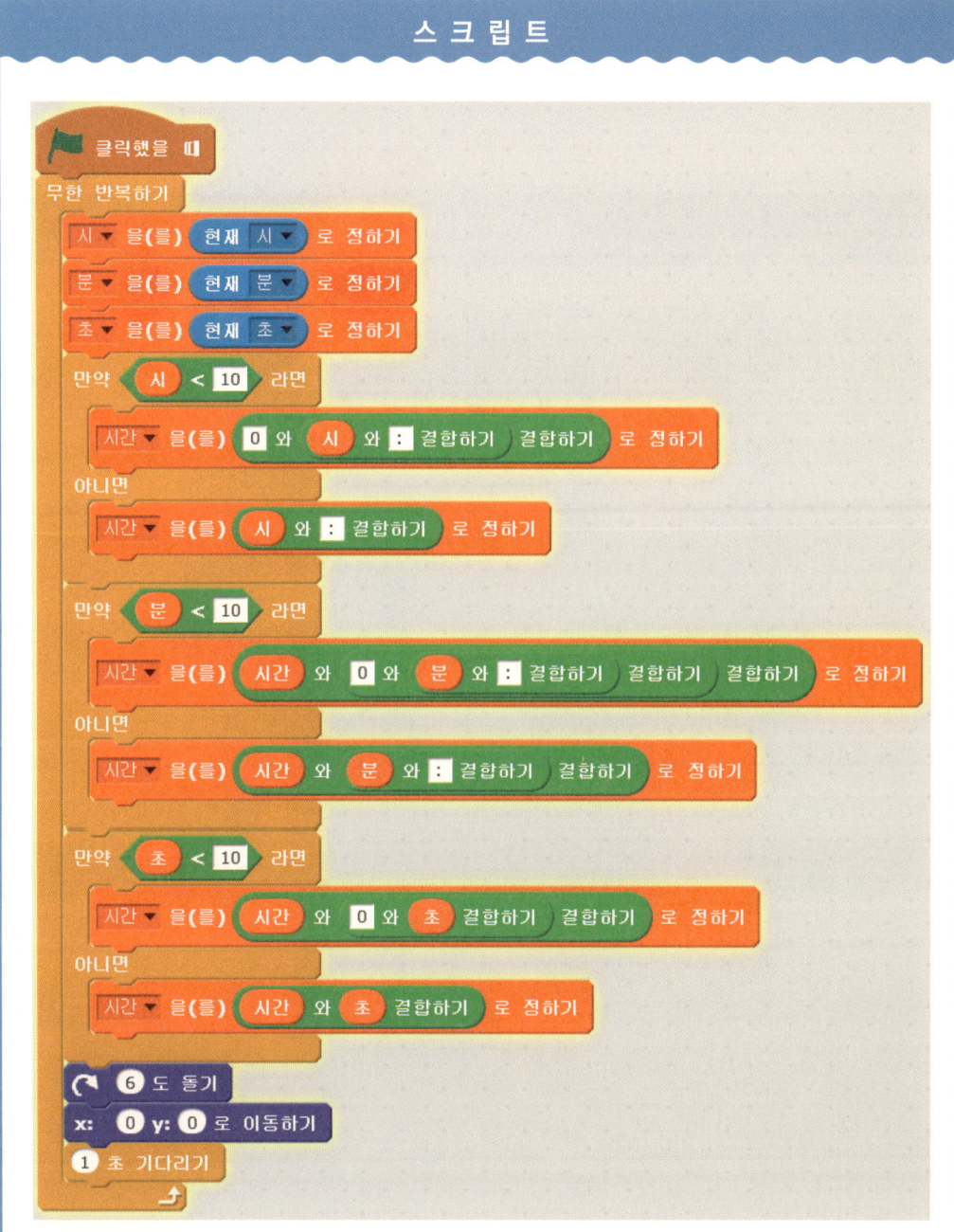

68 오늘 날짜와 요일을 '2016년 12월 1일, 월요일' 형식으로 보여줍니다.

실 행 화 면

PART II 실력 향상 문제

데 이 터

변수 만들기(날짜는 체크할 것)

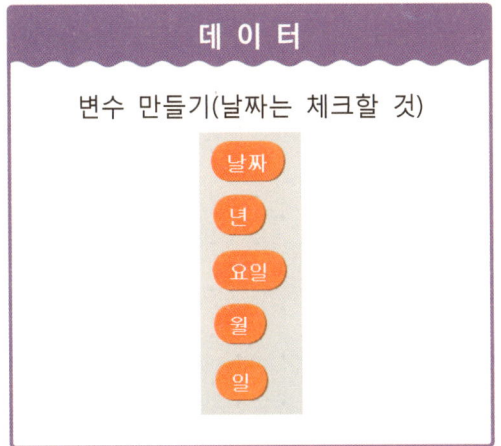

데 이 터

리스트 만들기

스 크 립 트

스크립트

PART Ⅱ 실력 향상 문제

69 $A^2 + B^2 = C^2$을 만족하는 A, B, C를 구하여 말하세요.
단, A와 B의 범위는 1~20으로 제한하세요.

실 행 화 면

PART II  실력 향상 문제

70 10진수 258을 8진수로 말하세요.

실 행 화 면

힌트

8진수는 각 자리에 0~7 수를 사용합니다.

데이터

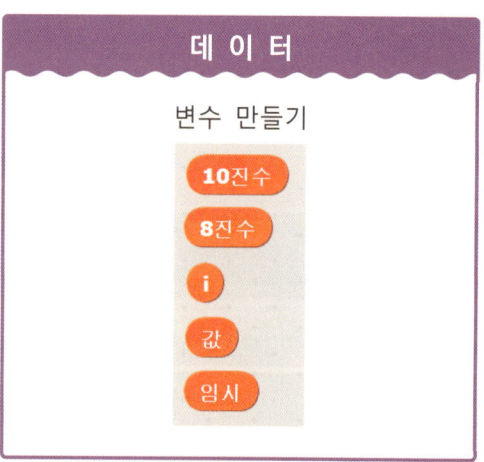

스크립트

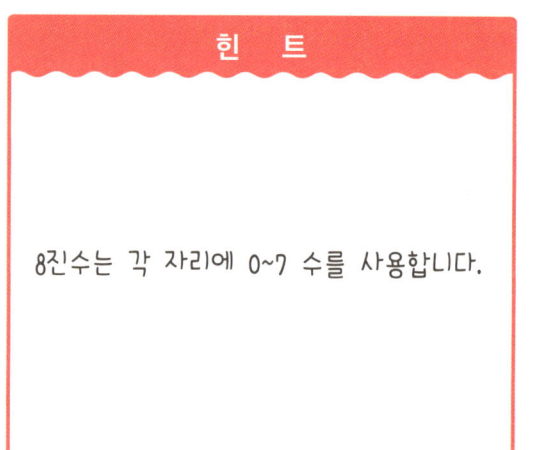

PART II 실력 향상 문제

71 3점의 좌표(각 x, y 좌표는 -100~100 값)를 지나는 원의 중심을 구하세요. 3점에서 중심에 이르는 거리 같다는 성질을 이용하세요.

데이터: (-10, 0), (0, 10), (0, -10)   ➡ 중심점 (0, 0)

　　　(2, -1), (0, 1), (2, 3)   ➡ 중심점 (2, 1)

　　　(0, -5), (5, -10), (10, -5)   ➡ 중심점 (5, -5)

[참고] 이 예제의 스크립트는 개선할 여지가 많이 있습니다. 조건을 제한하여 구하거나 수식을 이용하는 방식으로 개선해보기 바랍니다.

실 행 화 면

205

힌 트

원의 중심과 각 좌표의 길이가 같다는 성질을 이용하여 구합니다.

데 이 터

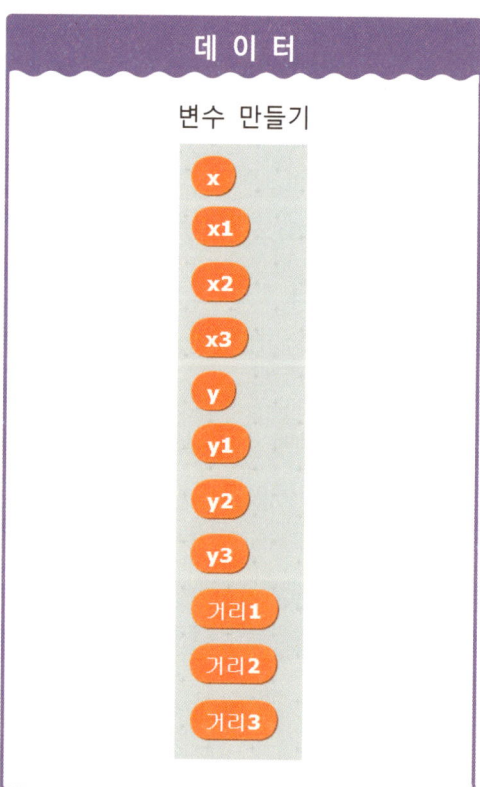

스 크 립 트

PART II 실력 향상 문제

스크립트

```
[클릭했을 때]
초기화
200 번 반복하기
    y를 -100 로 정하기
    200 번 반복하기
        거리1을 (x - x1) * (x - x1) + (y - y1) * (y - y1) 로 정하기
        거리2을 (x - x2) * (x - x2) + (y - y2) * (y - y2) 로 정하기
        거리3을 (x - x3) * (x - x3) + (y - y3) * (y - y3) 로 정하기
        만약 거리1 = 거리2 그리고 거리1 = 거리3 라면
            중심점은( 와 x 결합하기 와 , 와 y 와 ) 결합하기 결합하기 결합하기 을(를) 3초 동안 말하기
            모두 멈추기
        y를 1만큼 바꾸기
    x를 1만큼 바꾸기
중심점을 구할 수 없습니다. 말하기
```

● 두 지점 선분의 수직 이등분선을 이용하여 원의 중심점 구하기 ●

그림에서 각 선분의 수직 이등분선이 만나는 지점이 원의 중심입니다.
두 개의 수직 이등분선만 알아도 중심 좌표를 구할 수 있는 것입니다.
단, 세 점이 일직선 상에 존재하거나, 서로 같은 점이 둘 이상 존재하면
원의 중심점은 존재하지 않습니다.

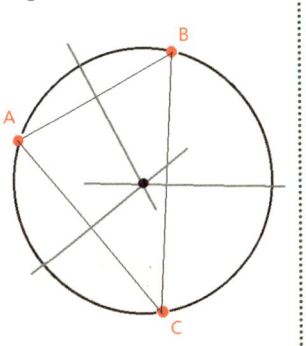

72 1mm 종이를 몇 번 접을 때 지구와 달까지의 거리까지 도달할 수 있는지 구하여 출력하세요. 단, 지구와 달 사이의 거리는 38만km라고 가정합니다.

실 행 화 면

PART II 실력 향상 문제

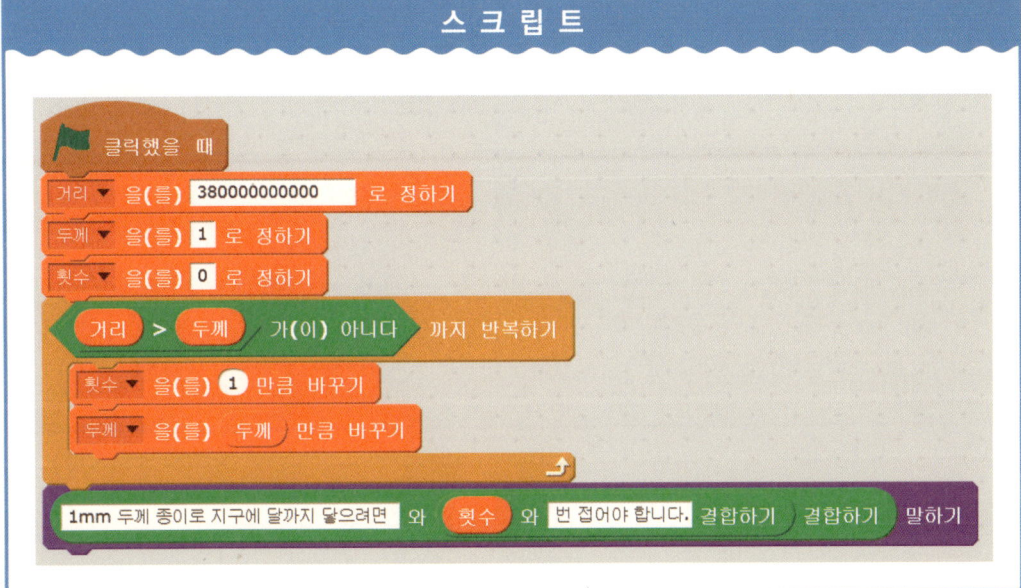

Scratch Programming

PART III

그래프 문제

PART III 그래프 문제

스크래치는 펜 그리기 기능을 이용하여 다양한 그래픽 작품을 만들 수 있습니다. 이번 파트에서는 스크래치에서 제공하는 펜 그리기 기능을 이용한 예제를 알아봅니다.

이번 파트의 예제와 다른 기능을 활용하면 더욱 멋진 그래픽 예제도 만들 수 있으니 스스로 창의적인 예제를 더 만들어보기 바랍니다.

참고로, 펜 그리기 기능을 사용할 때는 시작 위치에 화면을 지우는 블록을 넣어주기 바랍니다. 그렇지 않으면 다음에 실행할 때 이전 그림이 남아서 화면이 지저분해질 수 있습니다.

[주의] 초기화의 중요성

특히 펜 그리기 기능을 사용할 때는 펜의 색, 두께와 같은 기본 설정 값을 초기에 지정해주는 것이 좋습니다. 그래야 스크립트 중간에 설정 값이 바뀌더라도 다시 실행할 때 기본 설정 값으로 설정됩니다(초기화).

PART III 그래프 문제

● 메모 ●

01

세 점의 (0, 0), (200, 0), (200, 150) 좌표를 잇는 직각삼각형을 그리고 그 넓이(면적)를 구하여 말하세요.

[참고] 예제에 사용한 펜 스프라이트를 이용하지 않아도 상관없습니다.

실 행 화 면

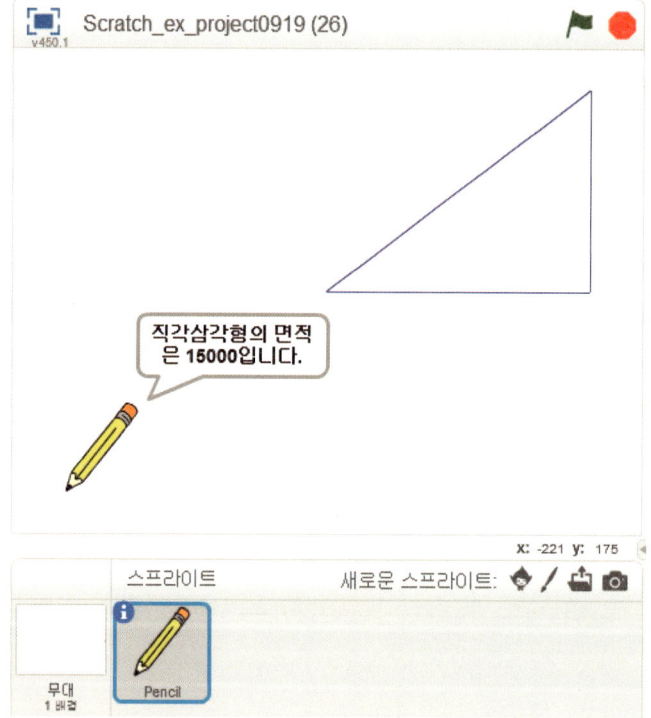

PART III 그래프 문제

스크립트

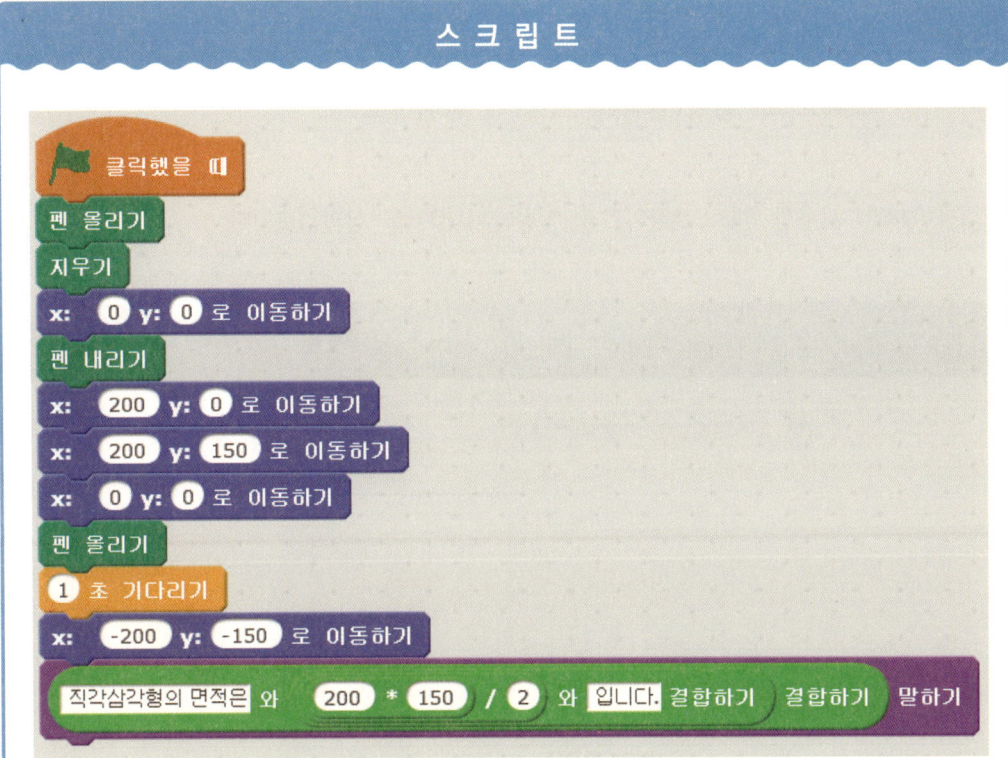

02 네 점의 (0, 0), (150, 0), (150, 150), (0, 150) 좌표를 잇는 선을 그리고 그 넓이(면적)를 구하여 말하세요.

[참고] 예제에 사용한 펜 스프라이트를 이용하지 않아도 상관없습니다.

실 행 화 면

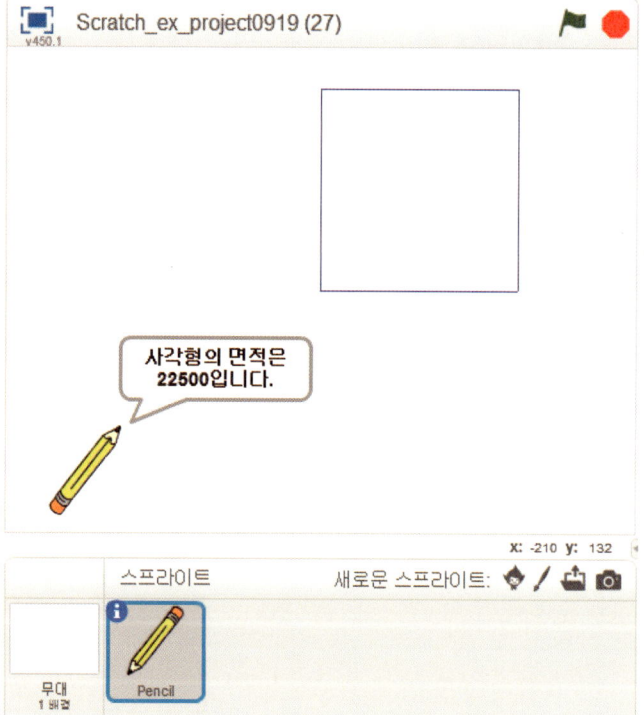

 **PART III 그래프 문제**

스크립트

```
▶ 클릭했을 때
펜 올리기
지우기
x: 0 y: 0 로 이동하기
펜 내리기
x: 150 y: 0 로 이동하기
x: 150 y: 150 로 이동하기
x: 0 y: 150 로 이동하기
x: 0 y: 0 로 이동하기
펜 올리기
1 초 기다리기
x: -150 y: -100 로 이동하기
사각형의 면적은 와 150 * 150 와 입니다. 결합하기 결합하기 말하기
```

x: -150
y: -100

03

직사각형의 높이(10~100)와 넓이(10~100)를 입력받아 그리세요.
왼쪽 아래 좌표는 (0, 0)으로 하세요.

[참고] 예제에 사용한 펜 스프라이트를 이용하지 않아도 상관없습니다.

실행화면

사각형의 높이를 입력하세요(10~100)

100

사각형의 넓이를 입력하세요 (10~100)

50

PART III 그래프 문제

스크립트

```
클릭했을 때
펜 올리기
지우기
무한 반복하기
    사각형의 높이를 입력하세요(10~100) 묻고 기다리기
    높이 ▼ 을(를) 대답 로 정하기
    사각형의 넓이를 입력하세요 (10~100) 묻고 기다리기
    넓이 ▼ 을(를) 대답 로 정하기
    만약  높이 > 9  그리고  높이 < 101  그리고  넓이 > 9  그리고  넓이 < 101  라면
        그리기
    0.2 초 기다리기
    모두 ▼ 멈추기
```

04 0~360도의 사인 그래프를 그리세요.

[참고] 예제에 사용한 펜 스프라이트를 이용하지 않아도 상관없습니다.

실 행 화 면

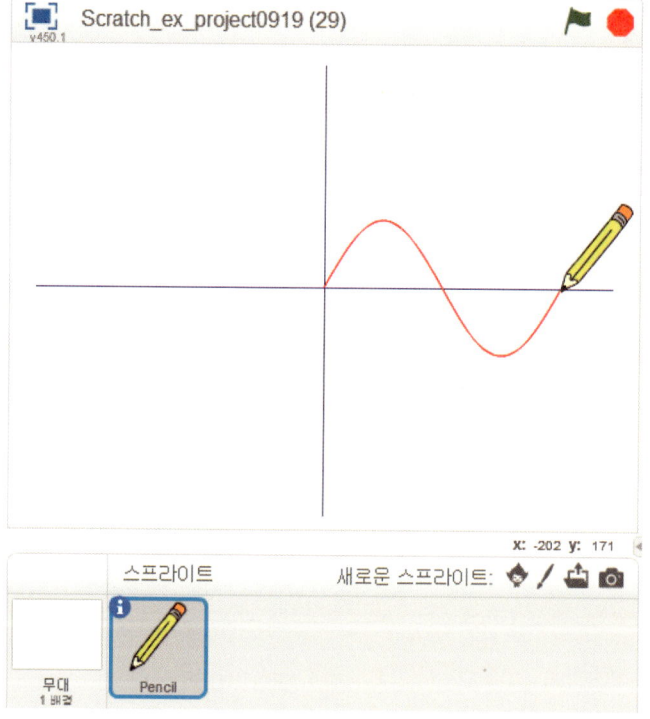

PART III 그래프 문제

데 이 터

변수 만들기

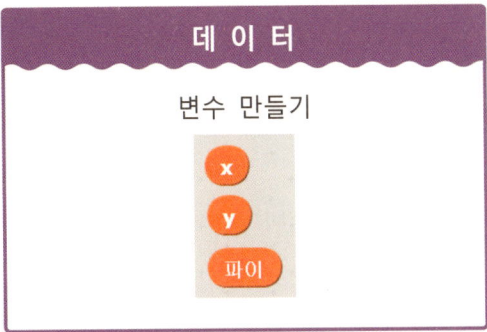

스 크 립 트

```
▶ 클릭했을 때
펜 올리기
지우기
x: -220 y: 0 로 이동하기
펜 내리기
x: 220 y: 0 로 이동하기
펜 올리기
x: 0 y: -170 로 이동하기
펜 내리기
x: 0 y: 170 로 이동하기
펜 올리기
x 을(를) 0 로 정하기
파이 을(를) 3.141592 로 정하기
펜 색깔을 ■ (으)로 정하기
180 번 반복하기
    x: x / 2 y: 50 * sin ( x ) 로 이동하기
    펜 내리기
    x 을(를) 2 만큼 바꾸기
```

05 0~720도의 코사인 그래프를 그리세요.

[참고] 예제에 사용한 펜 스프라이트를 이용하지 않아도 상관없습니다.

실 행 화 면

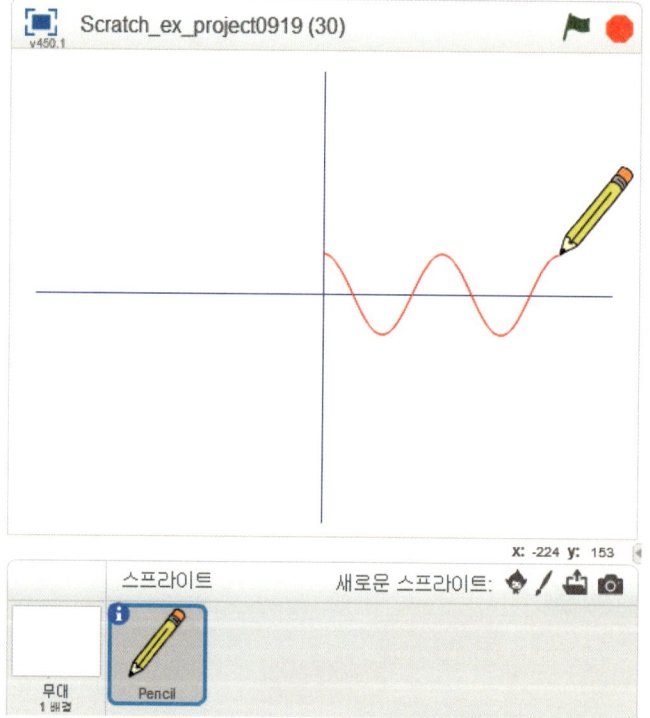

PART III 그래프 문제

데이터

변수 만들기
- x
- y
- 파이

스크립트

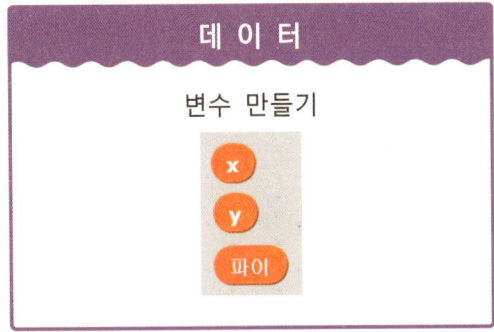

```
[깃발] 클릭했을 때
펜 올리기
지우기
x: -220 y: 0 로 이동하기
펜 내리기
x: 220 y: 0 로 이동하기
펜 올리기
x: 0 y: -170 로 이동하기
펜 내리기
x: 0 y: 170 로 이동하기
펜 올리기
x ▼ 을(를) 0 로 정하기
파이 ▼ 을(를) 3.141592 로 정하기
펜 색깔을 [■] (으)로 정하기
180 번 반복하기
    x: x / 4  y: 30 * cos ▼ ( x ) 로 이동하기
    펜 내리기
    x ▼ 을(를) 4 만큼 바꾸기
```

06 -90~90도의 탄젠트 그래프를 그리세요.

[참고] 예제에 사용한 펜 스프라이트를 이용하지 않아도 상관없습니다.

실 행 화 면

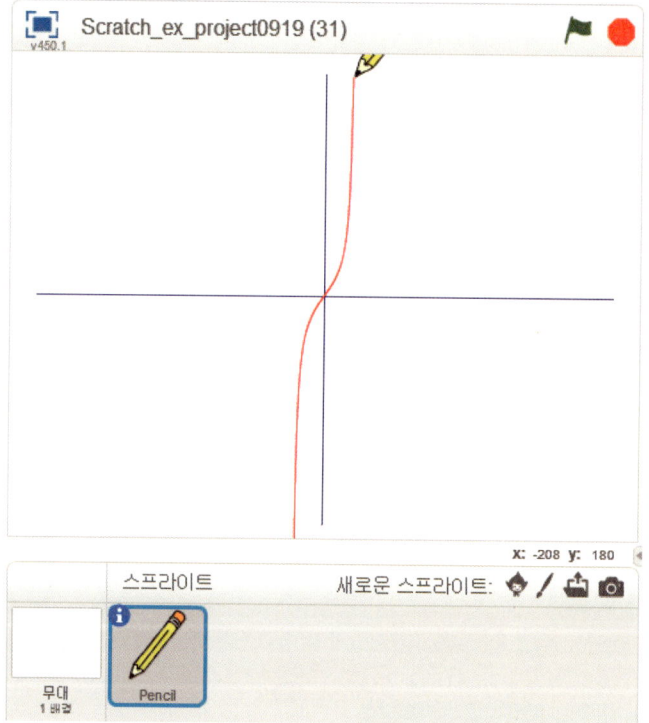

PART III 그래프 문제

데 이 터

변수 만들기

스 크 립 트

```
클릭했을 때
펜 올리기
지우기
x: -220 y: 0 로 이동하기
펜 내리기
x: 220 y: 0 로 이동하기
펜 올리기
x: 0 y: -170 로 이동하기
펜 내리기
x: 0 y: 170 로 이동하기
펜 올리기
x 을(를) -89 로 정하기
파이 을(를) 3.141592 로 정하기
펜 색깔을 ■ (으)로 정하기
44 번 반복하기
    x: x / 4 y: 20 * tan ( x ) 로 이동하기
    펜 내리기
    x 을(를) 4 만큼 바꾸기
```

07 $y = x^2$ 함수의 그래프를 그리세요. 단, $-10 < x < 10$

[참고] 예제에 사용한 펜 스프라이트를 이용하지 않아도 상관없습니다.

실 행 화 면

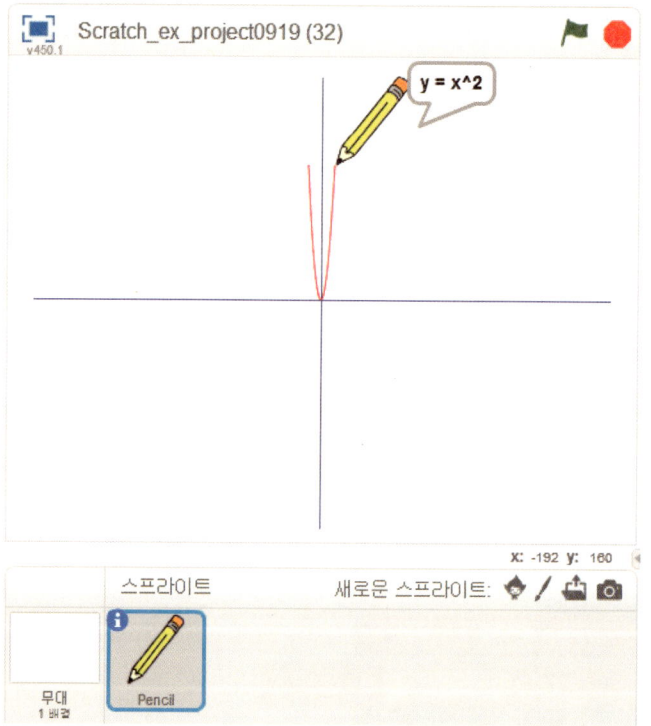

PART III 그래프 문제

데 이 터

변수 만들기

스 크 립 트

```
클릭했을 때
펜 올리기
지우기
x: -220 y: 0 로 이동하기
펜 내리기
x: 220 y: 0 로 이동하기
펜 올리기
x: 0 y: -170 로 이동하기
펜 내리기
x: 0 y: 170 로 이동하기
펜 올리기
x ▼ 을(를) -10 로 정하기
펜 색깔을 ■ (으)로 정하기
21 번 반복하기
    x: x y: x * x 로 이동하기
    펜 내리기
    x ▼ 을(를) 1 만큼 바꾸기
y = x^2 말하기
```

227

08 y = log(x) 함수의 그래프를 그리세요. 단, 0 < x < 100

[참고] 예제에 사용한 펜 스프라이트를 이용하지 않아도 상관없습니다.

실 행 화 면

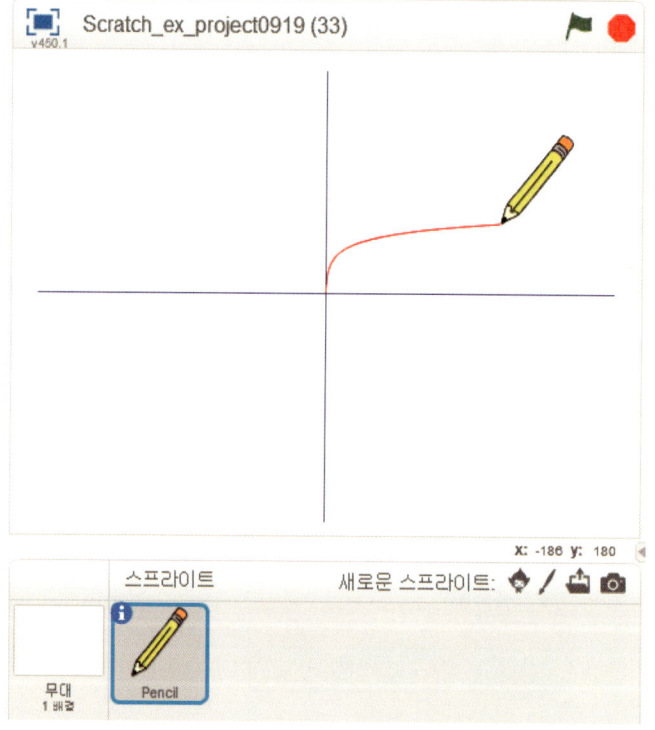

PART III 그래프 문제

데이터

변수 만들기

스크립트

```
클릭했을 때
펜 올리기
지우기
x: -220 y: 0 로 이동하기
펜 내리기
x: 220 y: 0 로 이동하기
펜 올리기
x: 0 y: -170 로 이동하기
펜 내리기
x: 0 y: 170 로 이동하기
펜 올리기
x ▼ 을(를) 1 로 정하기
파이 ▼ 을(를) 3.141592 로 정하기
펜 색깔을 ■ (으)로 정하기
100 번 반복하기
    x: x / 3 y: 20 * log ▼ ( x ) 로 이동하기
    펜 내리기
    x ▼ 을(를) 4 만큼 바꾸기
```

229

09 선 그리기 기능을 이용하여 집 모양을 그리세요.

[참고] 예제에 사용한 펜 스프라이트를 이용하지 않아도 상관없습니다.

실 행 화 면

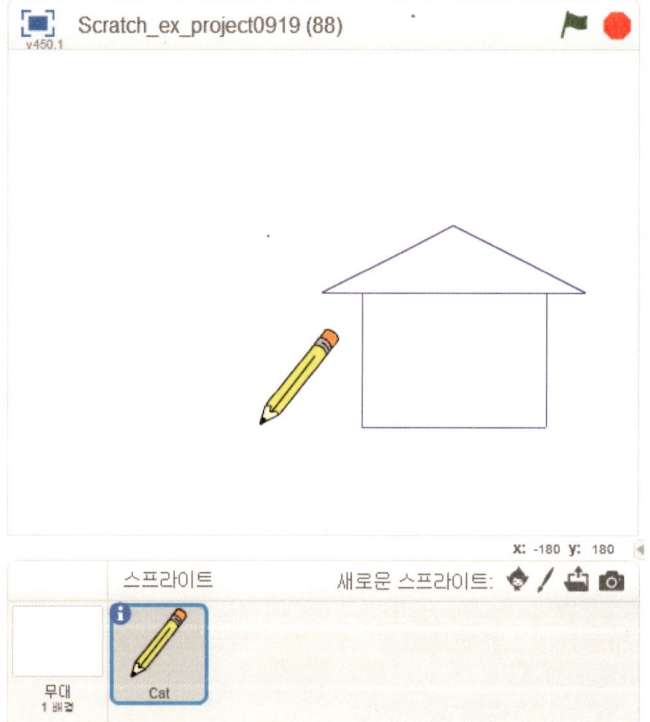

PART Ⅲ 그래프 문제

스크립트

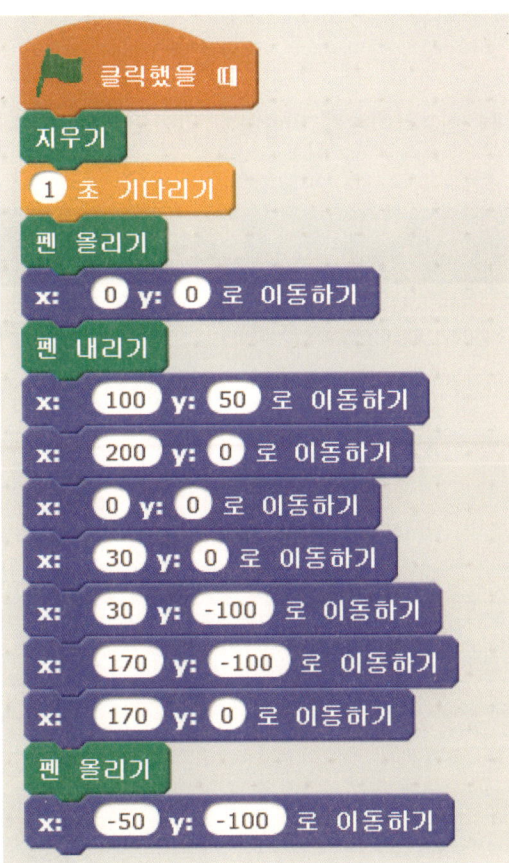

10 1에서 100까지의 자연 log X 계산 값을 그래프를 그리세요.

[참고] 예제에 사용한 펜 스프라이트를 이용하지 않아도 상관없습니다.

실 행 화 면

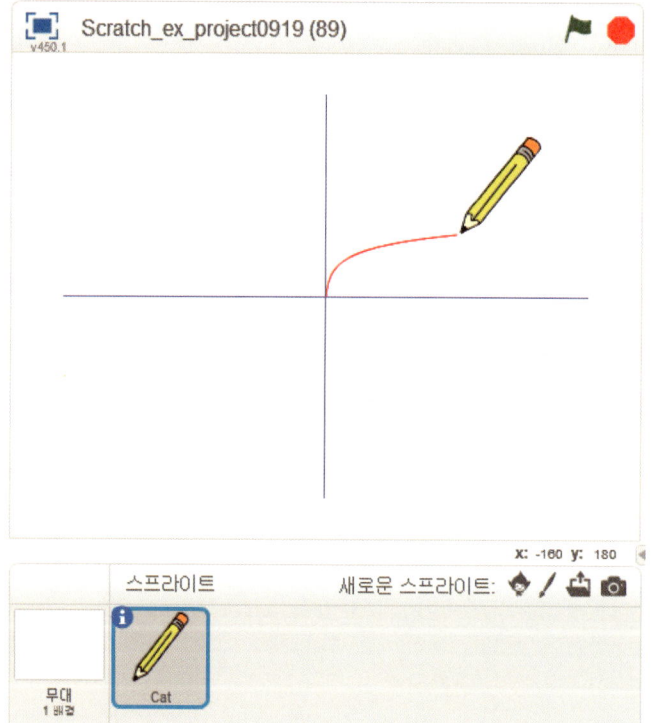

# PART III 그래프 문제

데 이 터

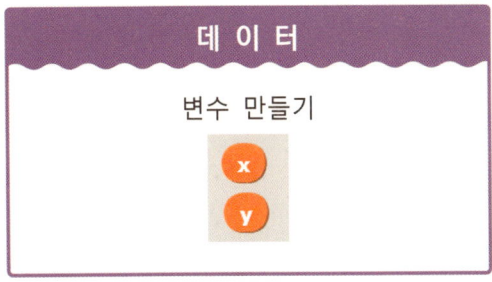

스 크 립 트

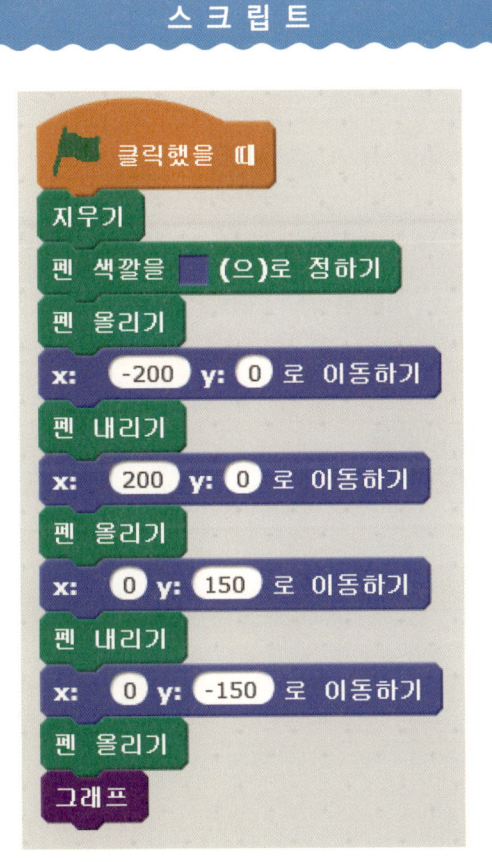

스크립트

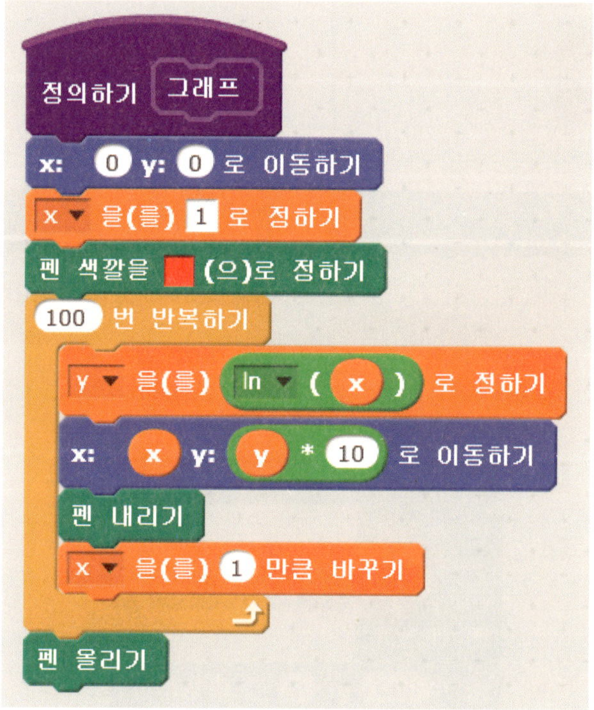

정의하기 그래프

x: 0 y: 0 로 이동하기

x ▼ 을(를) 1 로 정하기

펜 색깔을 ■ (으)로 정하기

100 번 반복하기
> y ▼ 을(를) ln ▼ (x) 로 정하기
> x: x y: y * 10 로 이동하기
> 펜 내리기
> x ▼ 을(를) 1 만큼 바꾸기

펜 올리기

PART Ⅲ 그래프 문제

11 바닥과 빗변의 각도가 40도인 직각삼각형을 그리세요.

실 행 화 면

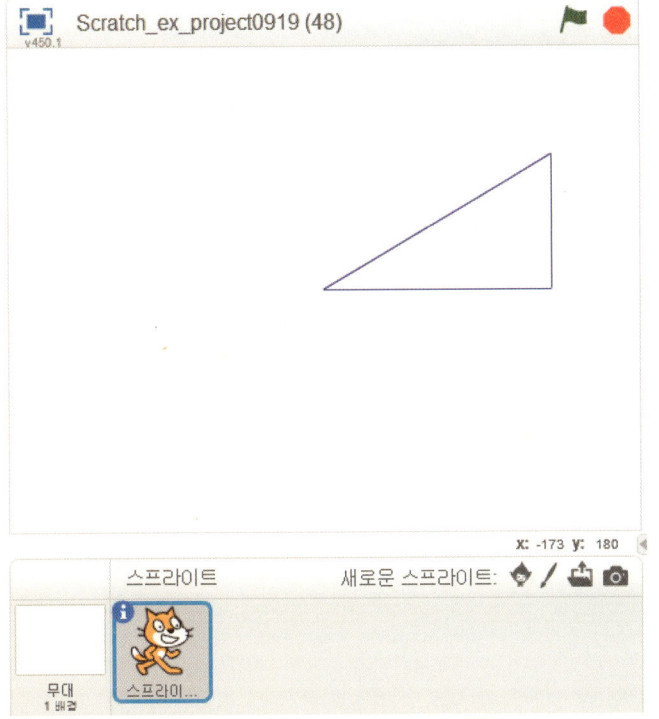

스크립트

```
[깃발] 클릭했을 때
지우기
x: 0 y: 0 로 이동하기
펜 내리기
60 도 방향 보기
200 만큼 움직이기
x: x좌표 y: 0 로 이동하기
x: 0 y: 0 로 이동하기
펜 올리기
숨기기
```

PART III 그래프 문제

12 한 변의 길이가 50인 정오각형을 그리세요.

[참고] 예제에 사용한 펜 스프라이트를 이용하지 않아도 상관없습니다.

실행화면

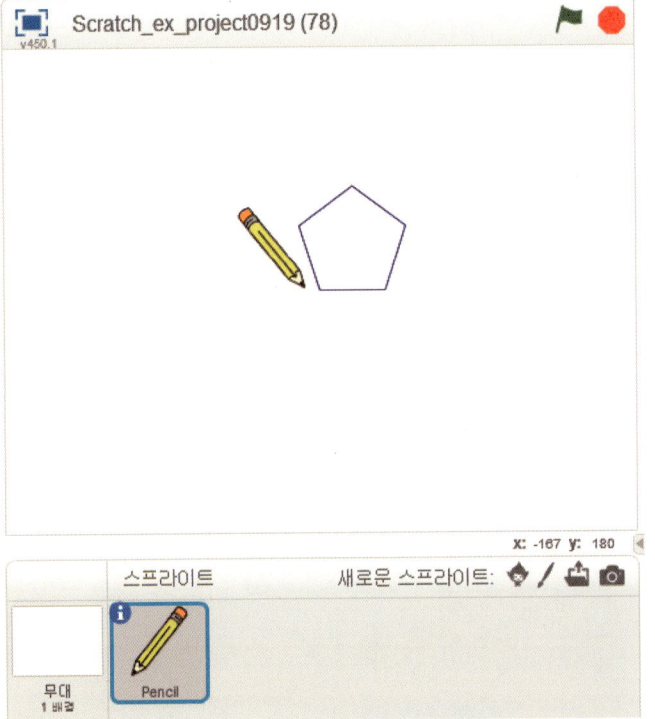

힌트

밑변을 그리고 나서 일정한 각도만큼 돌면서 그립니다.

데이터

변수 만들기

- 각도
- 길이
- 변화각도

스크립트

PART Ⅲ 그래프 문제

13
한 변의 길이가 50인 정육각형을 그리세요.

[참고] 예제에 사용한 펜 스프라이트를 이용하지 않아도 상관없습니다.

실행화면

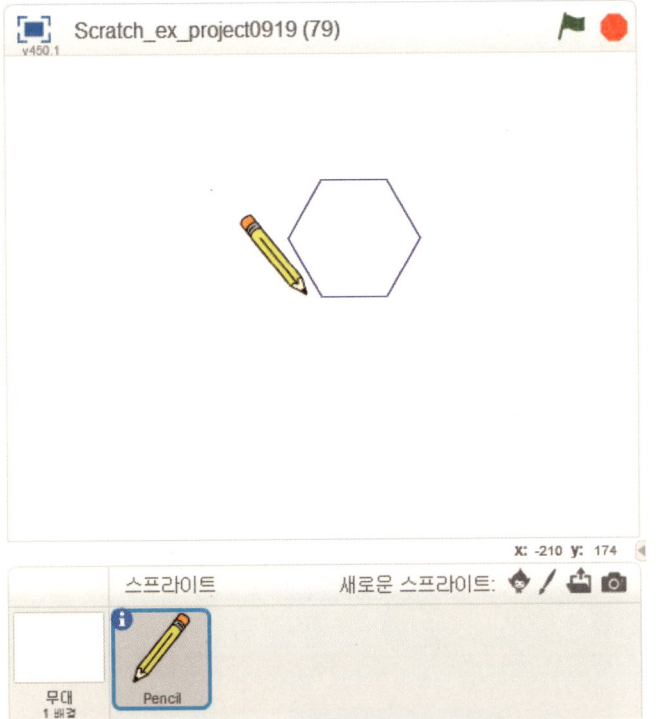

힌트

밑변을 그리고 나서 일정한 각도만큼 돌면서 그립니다.

데이터

변수 만들기
- 각도
- 길이
- 변화각도

스크립트

```
클릭했을 때
지우기
펜 올리기
길이 ▼ 을(를) 50 로 정하기
각도 ▼ 을(를) 90 로 정하기
x: 0 y: 0 로 이동하기
펜 내리기
변화각도 ▼ 을(를) -60 로 정하기
x: 길이 y: 0 로 이동하기
4 번 반복하기
    각도 ▼ 을(를) 변화각도 만큼 바꾸기
    각도 도 방향 보기
    길이 만큼 움직이기
x: 0 y: 0 로 이동하기
펜 올리기
x: -10 y: 0 로 이동하기
```

PART Ⅲ 그래프 문제

반지름이 100인 원을 그리세요.

[참고] 예제에 사용한 펜 스프라이트를 이용하지 않아도 상관없습니다.

실 행 화 면

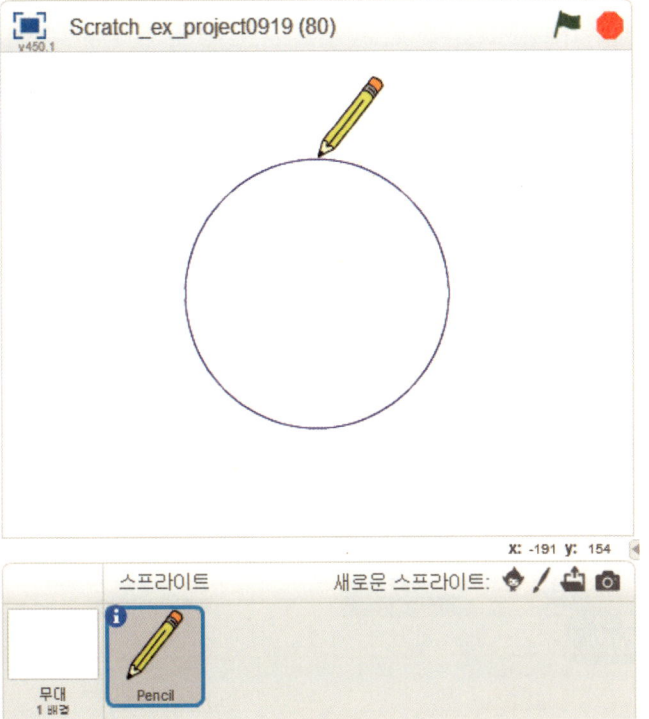

이 예제는 삼각함수를 이용하여 원을 그립니다.
삼각함수를 이용하지 않더라도, 일정 각도로 회전하면서 이동하기를 반복하면 원을 그릴 수 있습니다.

힌트

x = R * cos(각도)
y = R * sin(각도)

데이터

변수 만들기

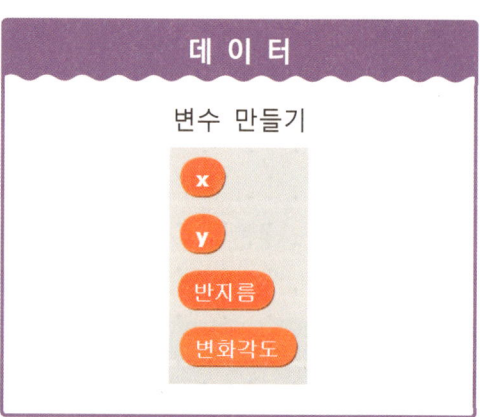

스크립트

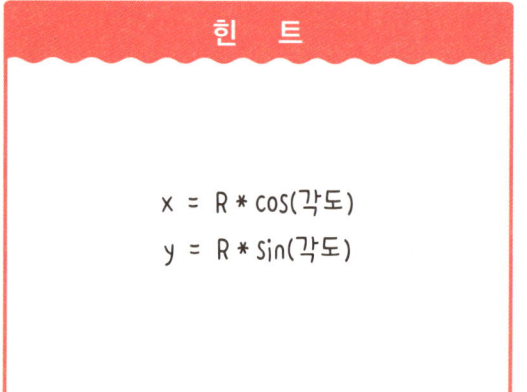

PART III 그래프 문제

다음처럼 학생의 태어난 달 자료가 있을 때, 막대그래프로 출력하되 색상은 자유롭게 지정하세요.

자료: 1월: 2명, 2월: 4명, 3월 3명, 4월: 5명, 5월: 3명, 6월: 6명,
      7월: 5명. 8월: 2명, 9월: 7명, 10월: 5명, 11월: 8명. 12월: 3명

실행화면

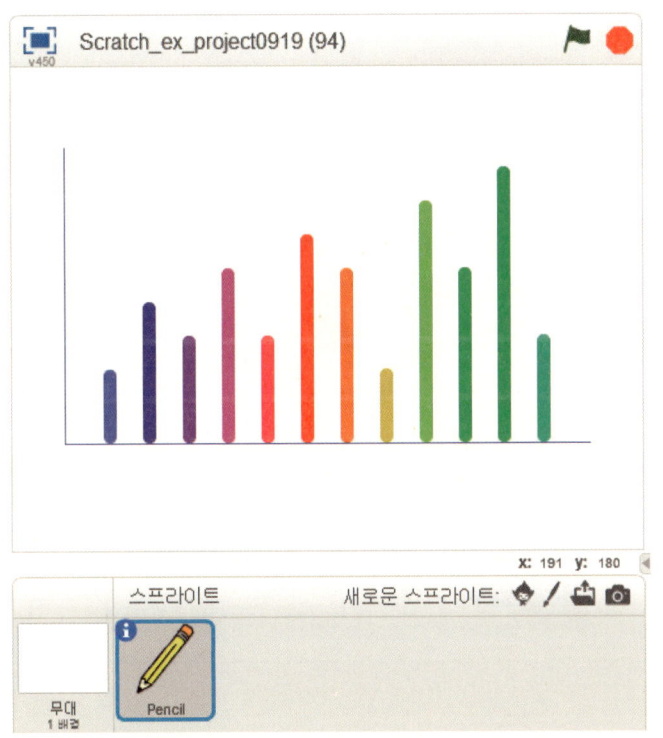

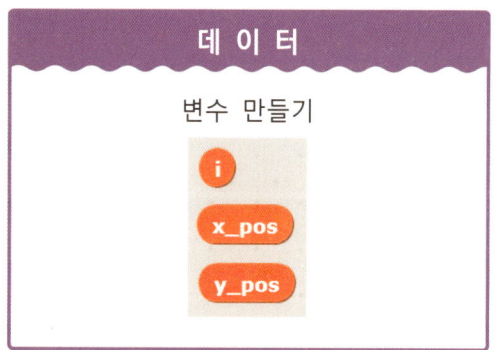

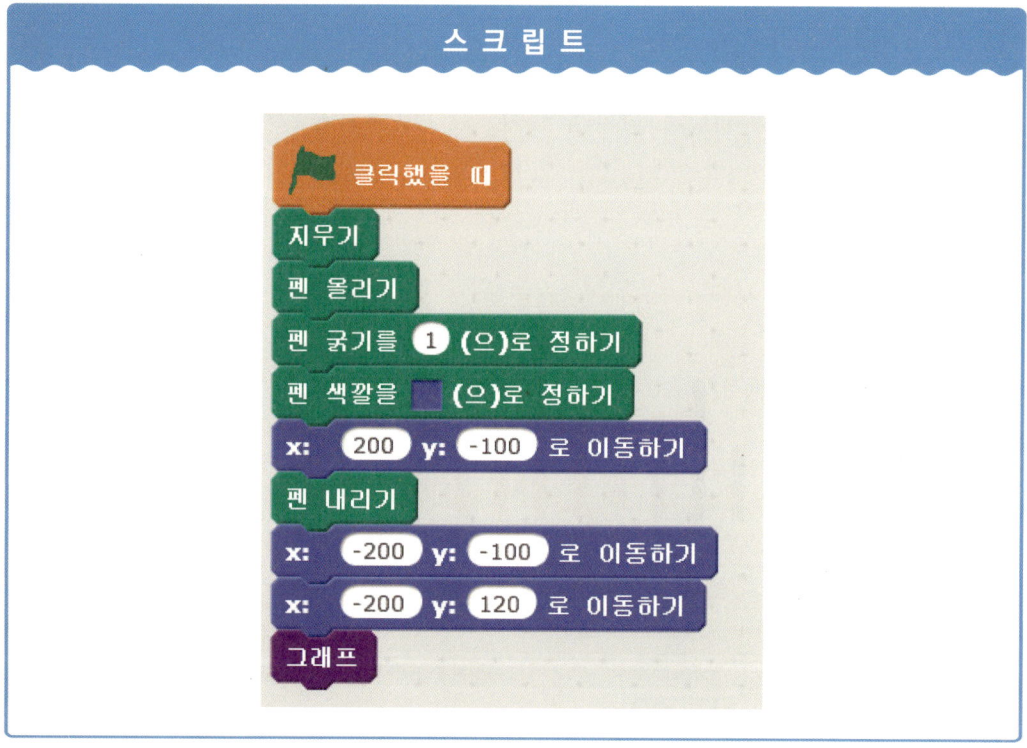

PART Ⅲ 그래프 문제

스크립트

```
정의하기 그래프

펜 올리기
x_pos ▼ 을(를) -165 로 정하기
i ▼ 을(를) 1 로 정하기
12 번 반복하기
    x: x_pos y: -95 로 이동하기
    펜 굵기를 10 (으)로 정하기
    펜 내리기
    y_pos ▼ 을(를) ( i 번째 data ▼ 항목 * 25 + -100 ) 로 정하기
    x: x_pos y: y_pos 로 이동하기
    x_pos ▼ 을(를) 30 만큼 바꾸기
    펜 올리기
    i ▼ 을(를) 1 만큼 바꾸기
    펜 색깔을 15 만큼 바꾸기
숨기기
```

16 어린이 교통사고 건수가 다음과 같을 때 꺾은선 그래프로 나타내세요.

봄: 220건, 여름: 190건, 가을: 150건, 겨울: 310건

실 행 화 면

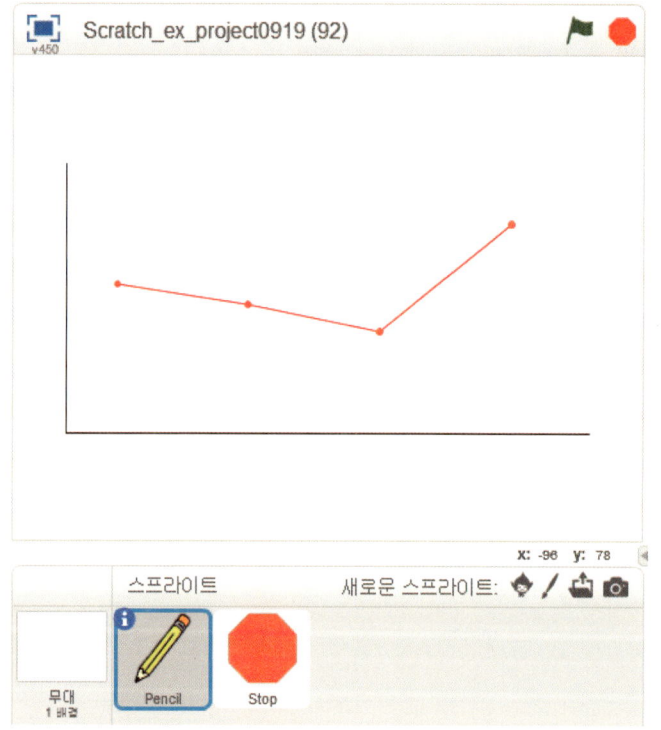

PART Ⅲ 그래프 문제

데이터

변수 만들기

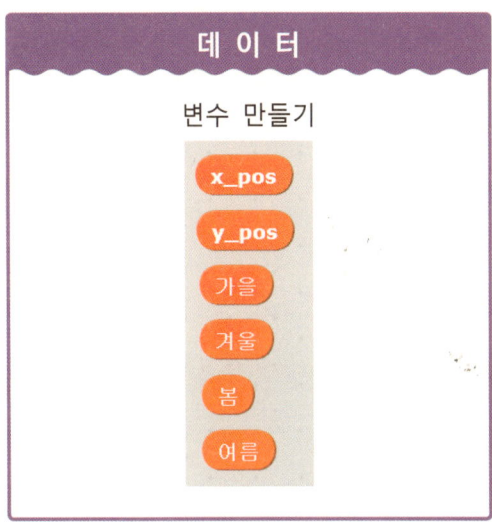

스크립트 : pencil

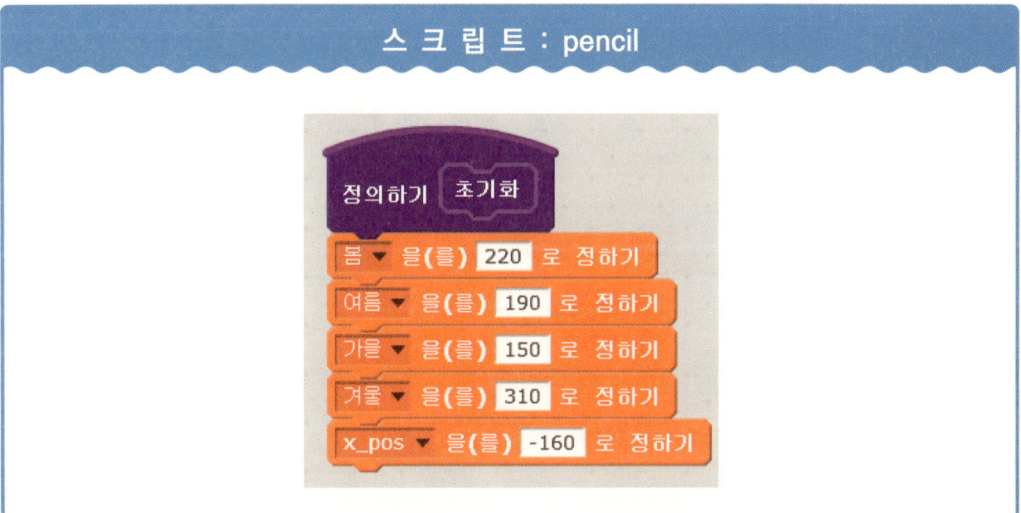

스크립트 : pencil

- 🚩 클릭했을 때
- 초기화
- 펜 올리기
- 지우기
- 펜 색깔을 ⬛ (으)로 정하기
- x: 200 y: -100 로 이동하기
- 펜 내리기
- x: -200 y: -100 로 이동하기
- x: -200 y: 100 로 이동하기
- 펜 올리기
- y_pos 을(를) 봄 / 2 + -100 로 정하기
- x: x_pos y: y_pos 로 이동하기
- 펜 색깔을 🟥 (으)로 정하기
- 점 방송하기
- 0.05 초 기다리기
- 펜 내리기
- x_pos 을(를) 100 만큼 바꾸기
- y_pos 을(를) 여름 / 2 + -100 로 정하기
- 점 방송하기
- 0.05 초 기다리기
- x: x_pos y: y_pos 로 이동하기
- x_pos 을(를) 100 만큼 바꾸기
- y_pos 을(를) 가을 / 2 + -100 로 정하기

PART Ⅲ 그래프 문제

스크립트 : pencil

- 점▼ 방송하기
- 0.05 초 기다리기
- x: x_pos y: y_pos 로 이동하기
- x_pos▼ 을(를) 100 만큼 바꾸기
- y_pos▼ 을(를) (겨울 / 2) + -100 로 정하기
- 점▼ 방송하기
- 0.05 초 기다리기
- x: x_pos y: y_pos 로 이동하기
- 숨기기

스크립트 : stop

- ▶ 클릭했을 때
- 숨기기
- 크기를 5 % 로 정하기

- 점▼ 을(를) 받았을 때
- 나 자신▼ 복제하기

- 복제되었을 때
- x: x_pos y: y_pos 로 이동하기
- 보이기

PART IV

고급 문제

PART IV 고급 문제

이번 파트는 좀 더 복잡한 고급 예제를 다룹니다. 해당 문제를 살펴보고 직접 코딩을 해봐도 좋지만, 예제 코드를 살펴보면서 참고하여 다시 작성해보는 방법도 나쁘진 않습니다. 이번 파트에서 살펴볼 고급 문제는 다음과 같습니다.

❶ 아날로그 시계 만들기

❷ 풍선 맞춘 점수 알려주기

❸ 메뉴를 이용한 기능 구현

❹ 에라토스테네스 체(Eratosthenes' sieve)를 이용한 소수 말하기

❺ 재귀호출을 이용한 그래픽 출력

❻ 하노이 탑

❼ 미로 탈출하기

PART IV 고급 문제

● 메모 ●

01 아날로그 시계를 만들어봅니다. 시, 분, 초 바늘이 움직이는 시계를 만드는 예제입니다. 시간은 스크래치 스크립트 [관찰]에 있는 블록을 이용하여 계산합니다.

실행화면

PART IV 고급 문제

스크립트 : 시 (시 바늘)

- 클릭했을 때
- x: 0 y: 0 로 이동하기
- 무한 반복하기
  - 1 초 기다리기
  - 30 * 현재 시 도 방향 보기

스크립트 : 분 (분 바늘)

- 클릭했을 때
- x: 0 y: 0 로 이동하기
- 무한 반복하기
  - 1 초 기다리기
  - 6 * 현재 분 도 방향 보기

스크립트 : 초 (초 바늘)

- 클릭했을 때
- x: 0 y: 0 로 이동하기
- 무한 반복하기
  - 1 초 기다리기
  - 6 * 현재 초 도 방향 보기

02 풍선을 맞힌 점수를 알려주는 예제입니다. 임의의 풍선이 나타날 때, 빨간 풍선을 맞히면 5점, 파란 풍선은 3점, 노란 풍선은 1점이고 못 맞히면 -1점일 때, 총 10번 던져서 각 풍선을 맞힌 숫자를 입력받고, 결과 점수를 말합니다.

실 행 화 면

PART IV 고급 문제

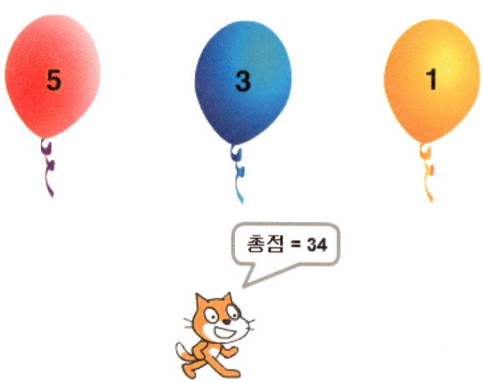

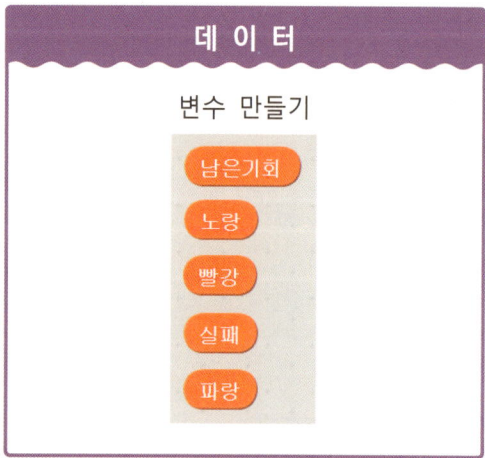

PART Ⅳ 고급 문제

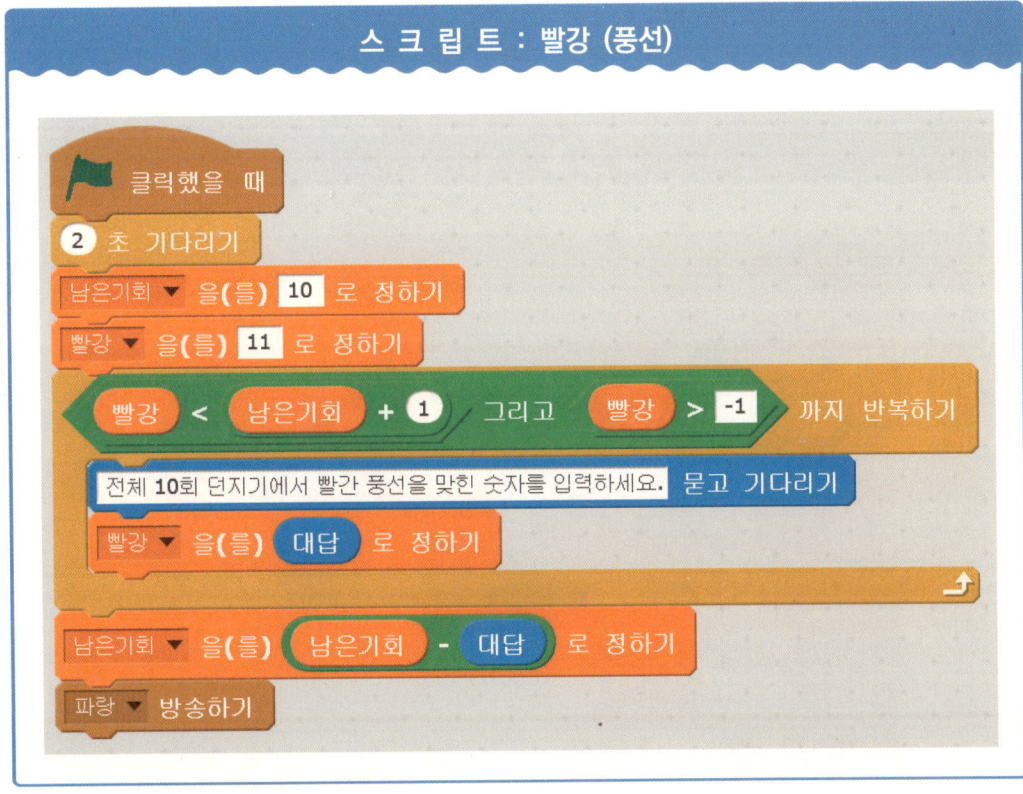

스크립트 : 파랑 (풍선)

```
[파랑] 을(를) 받았을 때
[파랑] 을(를) 11 로 정하기
만약 <남은기회 > 0> 라면
    <[파랑] < 남은기회 + 1> 그리고 <[파랑] > -1> 까지 반복하기
        전체 10회 던지기에서 빨간 풍선을 맞힌 숫자를 입력하세요. 묻고 기다리기
        [파랑] 을(를) 대답 로 정하기
    [남은기회] 을(를) (남은기회 - 대답) 로 정하기
아니면
    [파랑] 을(를) 0 로 정하기
[노랑] 방송하기
```

스크립트 : 노랑 (풍선)

```
[노랑] 을(를) 받았을 때
[노랑] 을(를) 11 로 정하기
만약 <남은기회 > 0> 라면
    <[노랑] < 남은기회 + 1> 그리고 <[노랑] > -1> 까지 반복하기
        전체 10회 던지기에서 빨간 풍선을 맞힌 숫자를 입력하세요. 묻고 기다리기
        [노랑] 을(를) 대답 로 정하기
    [남은기회] 을(를) (남은기회 - 대답) 로 정하기
아니면
    [노랑] 을(를) 0 로 정하기
[결과] 방송하기
```

PART IV 고급 문제

03 메뉴를 이용하여 다음과 같은 기능을 만드는 예제입니다.
오상문, 이동묵, 원종호, 최종현이라는 이름 정보가 있을 때, 숫자 1을 입력하면 전체 이름을 모두 보여주고, 숫자 2를 입력하면 성을 출력하고, 숫자 3을 입력하면 성을 제외한 이름을 출력하고, 숫자 4를 입력하면 프로그램을 끝냅니다. 단, 전체 이름에서 성은 첫 글자라고 약속합니다.

실 행 화 면

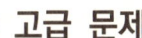

데 이 터

변수 만들기

i
k
이름

데 이 터

리스트 만들기

Data

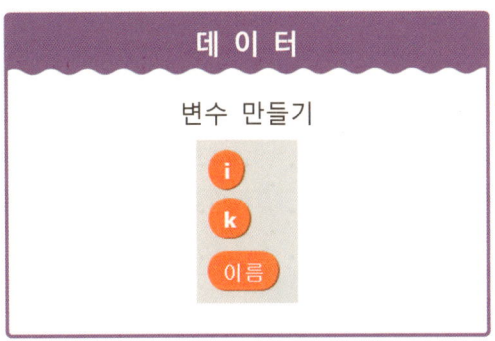

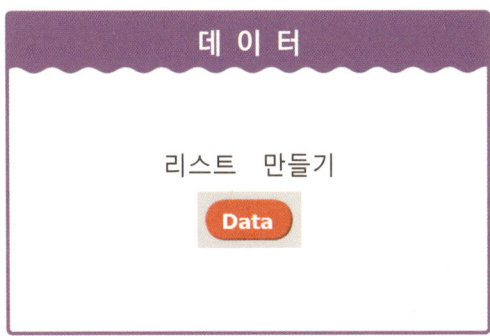

스 크 립 트 : cat1

클릭했을 때
무한 반복하기
1. 전체 이름 보기 말하기
1 초 기다리기
2. 성만 보기 말하기
1 초 기다리기
3. 이름만 보기 말하기
1 초 기다리기
4. 끝내기 말하기
1 초 기다리기
흠... 생각하기
1 초 기다리기

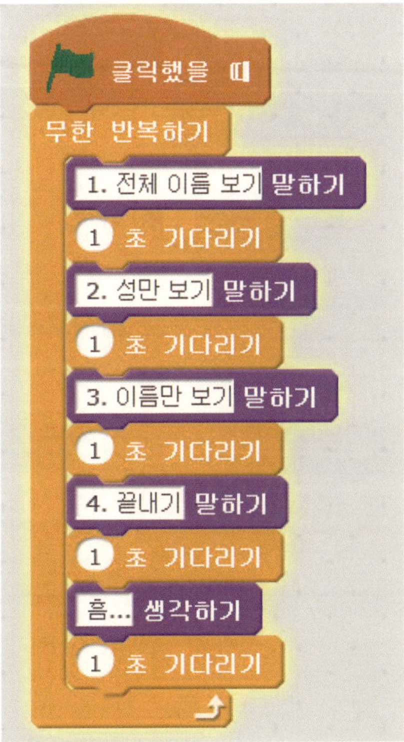

스크립트 : cat1

```
🚩 클릭했을 때
무한 반복하기
    메뉴를 선택하세요(1~4) 묻고 기다리기
    만약 < 대답 = 4 > 라면
        모두▼ 멈추기
    
    만약 < 대답 = 1 > 라면
        메뉴1_전체이름
    
    만약 < 대답 = 2 > 라면
        메뉴2_성
    
    만약 < 대답 = 3 > 라면
        메뉴3_이름
```

PART Ⅳ 고급 문제

스크립트 : cat2

정의하기 메뉴1_전체이름
i ▼ 을(를) 1 로 정하기
Data ▼ 리스트의 항목 수 번 반복하기
  i 번째 Data ▼ 항목 을(를) 1 초동안 말하기
  i ▼ 을(를) 1 만큼 바꾸기

스크립트 : cat2

정의하기 메뉴2_성
i ▼ 을(를) 1 로 정하기
Data ▼ 리스트의 항목 수 번 반복하기
  1 번째 글자 (i 번째 Data ▼ 항목) 을(를) 1 초동안 말하기
  i ▼ 을(를) 1 만큼 바꾸기

스크립트 : cat2

정의하기 메뉴3_이름
i ▼ 을(를) 1 로 정하기
Data ▼ 리스트의 항목 수 번 반복하기
　이름 ▼ 을(를) 　 로 정하기
　k ▼ 을(를) 2 로 정하기
　(i 번째 Data ▼ 항목 의 길이) - 1 번 반복하기
　　이름 ▼ 을(를) 이름 와 k 번째 글자 (i 번째 Data ▼ 항목) 결합하기 로 정하기
　　k ▼ 을(를) 1 만큼 바꾸기
　이름 을(를) 1 초동안 말하기
　i ▼ 을(를) 1 만큼 바꾸기

PART IV 고급 문제

04 에라토스테네스 체(Eratosthenes' sieve)를 이용하여 소수를 구하는 예제입니다. 2보다 큰 숫자 중에서 순서대로 소수를 20개 구하여 출력합니다.

실행화면

힌 트

에라토스테네스의 체
어떤 수의 배수는 소수가 아님을 이용하여 소수를 구하는 방법입니다.

데 이 터

변수 만들기
- i
- j
- max
- 소수

리스트 만들기
- data

스크립트

정의하기 초기화
- 모두▼ 번째 항목을 data▼ 에서 삭제하기
- max▼ 을(를) 100 로 정하기
- i▼ 을(를) 1 로 정하기
- i > max 까지 반복하기
  - 0 항목을 data▼ 에 추가하기
  - i▼ 을(를) 1 만큼 바꾸기
- i▼ 을(를) 2 로 정하기
- i > max 까지 반복하기
  - 만약 0 = i 번째 data▼ 항목 라면
    - i 번째 data▼ 의 항목을 -1 (으)로 바꾸기
    - j▼ 을(를) i * 2 로 정하기
    - j > max 까지 반복하기
      - j 번째 data▼ 의 항목을 1 (으)로 바꾸기
      - j▼ 을(를) i 만큼 바꾸기
  - i▼ 을(를) 1 만큼 바꾸기

PART IV 고급 문제

스크립트

■ 클릭했을 때
초기화
소수 ▼ 을(를) 소수: 로 정하기
i ▼ 을(를) 1 로 정하기
max 번 반복하기
　만약 -1 = (i 번째 data ▼ 항목) 라면
　　소수 ▼ 을(를) (소수 와 (i 와 , 결합하기) 결합하기) 로 정하기
　i ▼ 을(를) 1 만큼 바꾸기
소수 말하기

● 에라토스테네스의 체 ●

2 이상이면서 1과 자신 이외는 나누어지지 않는 정수를 소수라고 합니다. 에라토스테네스는 2부터 시작하여 그 수의 배수를 제거하면 소수만 남는다는 방식을 이용한 소수 구하는 방식을 알아냈는데, 이 방법은 에라토스테네스의 체라고 부릅니다. 예를 들어 1~100까지 수에서 소수가 아닌 수를 지워나가는 방법은 다음과 같습니다.

(1) 2는 소수입니다.
2의 배수는 소수가 아닙니다.
(파랑: 소수, 빨강: 소수 아님, 기타: ?)

(2) 3은 소수입니다.
3의 배수를 소수가 아닙니다.

(3) 4는 소수가 아닙니다.
4의 배수도 소수가 아닙니다
(2의 배수로 걸러짐).

(4) 5는 소수입니다.
5의 배수는 소수가 아닙니다.

(5) 6은 소수가 아닙니다.
6의 배수도 소수가 아닙니다
(2, 3의 배수로 걸러짐).

(6) 7은 소수입니다.
7의 배수도 소수가 아닙니다.

(7) 8, 9, 10은 소수가 아닙니다.
그 배수도 소수가 아닙니다.

PART IV 고급 문제

(8) 11은 소수입니다.
  그 배수는 소수가 아닙니다.

(9) 12는 소수가 아닙니다.
  그 배수도 소수가 아닙니다.

(10) 13은 소수입니다.
  그 배수는 소수가 아닙니다.

(11) 14, 15, 16은 소수가 아닙니다.
  그 배수들도 소수가 아닙니다.

(12) 17은 소수입니다.
  그 배수는 소수가 아닙니다.

(13) 18은 소수가 아닙니다.
  그 배수도 소수가 아닙니다.

(14) 19는 소수입니다.
  그 배수는 소수가 아닙니다.

(15) 앞에서 진행한 식으로 정리하면, 소수만 찾아낼 수 있습니다(파란색 = 소수).

05

재귀호출을 이용한 그래픽 출력 예제입니다.

실 행 화 면

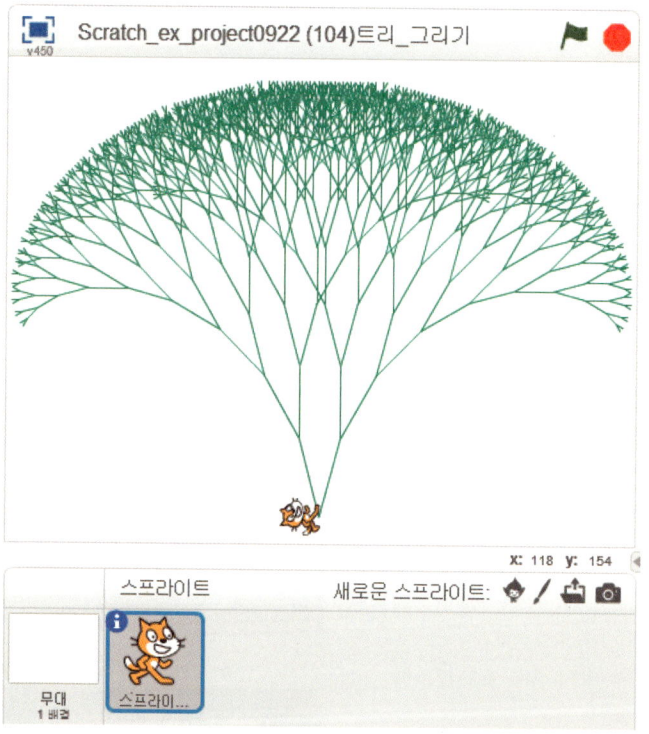

데 이 터

변수 만들기

PART IV 고급 문제

스크립트

- 클릭했을 때
- 펜 올리기
- 지우기
- x: 0 y: -160 로 이동하기
- 0 도 방향 보기
- size 을(를) 6 로 정하기
- angle 을(를) 15 로 정하기
- 펜 색깔을 (으)로 정하기
- 트리 그리기 10
- 펜 올리기

스크립트

정의하기 트리 그리기 n
- 만약 n = 0 가(이) 아니다 라면
  - angle 도 돌기
  - 전진하며 그리기 n
  - 트리 그리기 n - 1
  - 뒤로 돌아가기 n
  - angle + angle 도 돌기
  - 전진하며 그리기 n
  - 트리 그리기 n - 1
  - 뒤로 돌아가기 n
  - angle 도 돌기

정의하기 뒤로 돌아가기 n
- 방향 + 180 도 방향 보기
- 펜 올리기
- n * size 만큼 움직이기
- 방향 + 180 도 방향 보기

정의하기 전진하며 그리기 n
- 펜 내리기
- n * size 만큼 움직이기

●재귀호출 사용하기 (팩토리얼 계산)●

추가블록을 만들고 추가블록 내부에서 그 추가블록을 다시 사용하는 것이 재귀호출입니다.
재귀호출을 할 때는 반드시 종료될 수 있도록 작성해야 무한 순환에 빠지지 않습니다.
다음 스크립트는 팩토리얼 값(10!)을 구하는 재귀호출 예제입니다. '결과'는 변수 이름이며,
팩토리얼 블록을 호출하기 전에 '결과' 변수 값을 1로 정해야 합니다.

PART IV 고급 문제

06 하노이 탑에서 원반이 움직이는 과정을 보여주는 예제입니다.

[참고] 하노이 탑 역시 재귀호출을 이용하는 대표적인 예제입니다.

하노이 탑(하노이 타워)의 원반 이동 규칙은 다음과 같습니다.

- 현재 A 기둥에 위치한 모든 원반을 다른 기둥으로 옮겨야 합니다.
- 한 번에 하나의 원반만 옮길 수 있습니다.
- 큰 원반은 작은 원반 위에 올릴 수 없습니다.
- 작은 원반은 큰 원반에 올릴 수 있습니다.

실행화면

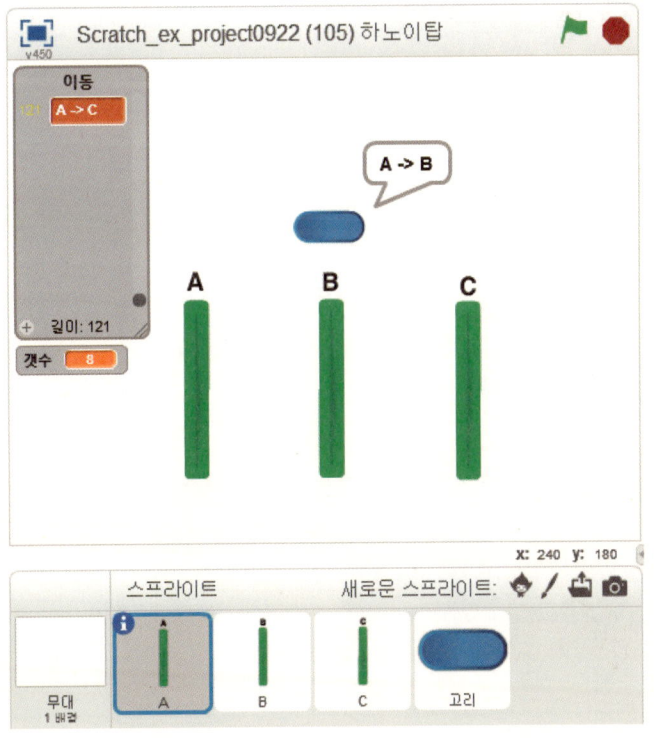

275

데 이 터

변수 만들기(개수에 체크할 것)

개수

데 이 터

변수 만들기(이동에 체크할 것)

이동

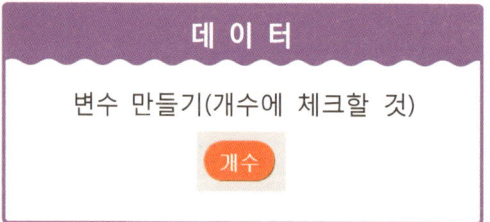

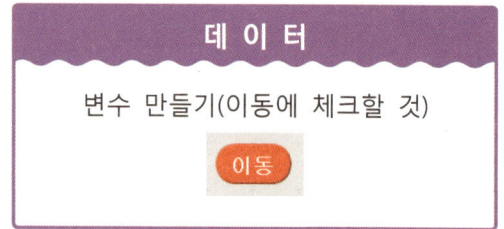

스 크 립 트 : 고리

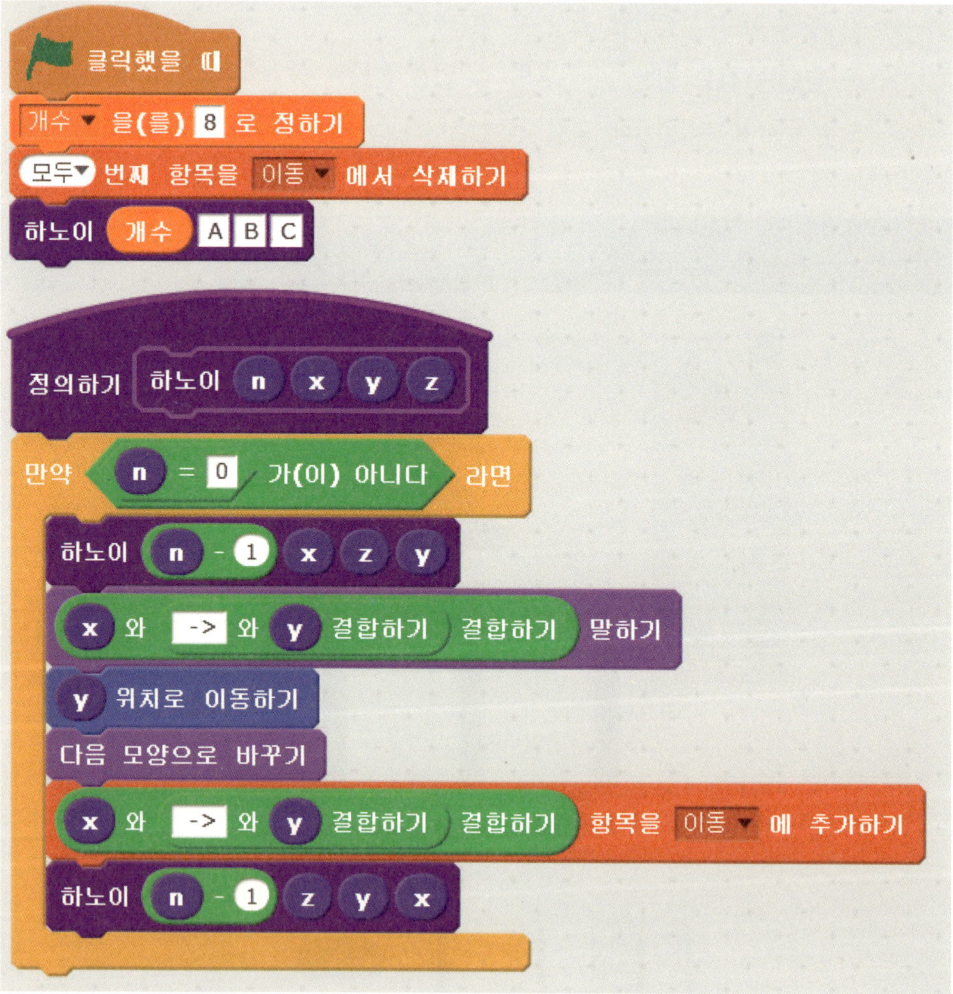

PART IV 고급 문제

 쥐가 미로를 탈출하는 예제입니다. 미로에서 길을 찾는 알고리듬은 여러 가지가 있는데, 예제에서는 다음처럼 오른손 우선 방법(우수법)을 사용했습니다.

```
반복 (미로 내부일 때)
  {
     오른쪽으로 90도 돌기
     반복 ( 앞 칸이 벽이면 )
     {
        왼쪽으로 90도 돌기
     }
     앞으로 한 칸 이동
  }
```

실행화면

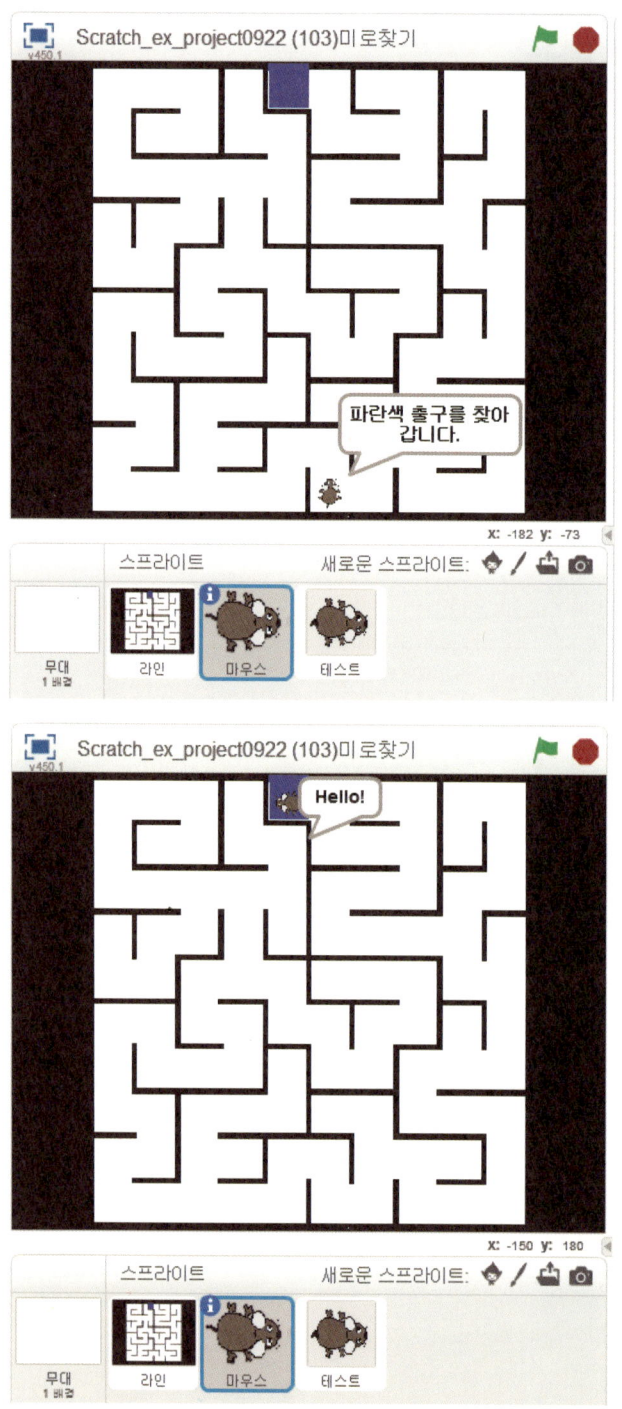

PART IV 고급 문제

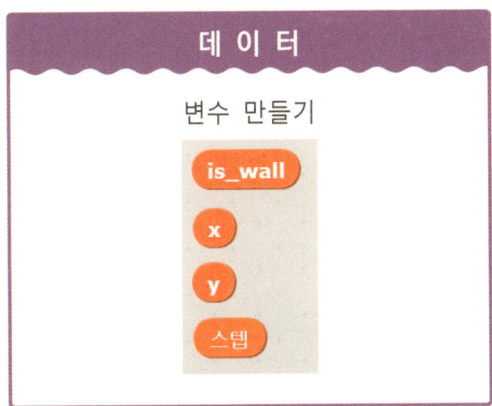

스크립트 : 마우스

클릭했을 때
- 맨 앞으로 순서 바꾸기
- x: 19 y: -158 로 이동하기
- 0 도 방향 보기
- 파란색 출구를 찾아갑니다. 을(를) 4 초동안 말하기
- move
- 스텝 을(를) 35 로 정하기

정의하기 check_wall
- 숨기기
- 스텝 / 2 만큼 움직이기
- 만약 ■색에 닿았는가? 라면
  - is_wall 을(를) 1 로 정하기
- 아니면
  - is_wall 을(를) 0 로 정하기
- 0 - 스텝 / 2 만큼 움직이기
- 보이기

정의하기 move
- ■색에 닿았는가? 까지 반복하기
  - ↻ 90 도 돌기
  - check_wall
  - is_wall = 0 까지 반복하기
    - ↺ 90 도 돌기
    - check_wall
  - 스텝 만큼 움직이기
- Hello! 을(를) 4 초동안 말하기
- 모두 멈추기

279

스크립트 : 라인

PART IV 고급 문제

"그동안 공부하시느라 수고하셨습니다."

독자 여러분께 진심으로 감사드리며,

앞으로도 더 좋은 책으로 보답하겠습니다.

도수서원 일동 올림

부록 I  스크래치 사이트와 예제 만들기

1. 스크래치 사이트 접속 및 회원 가입

❶ MIT에서 개발한 Scratch 홈페이지에 접속합니다.
https://scratch.mit.edu/

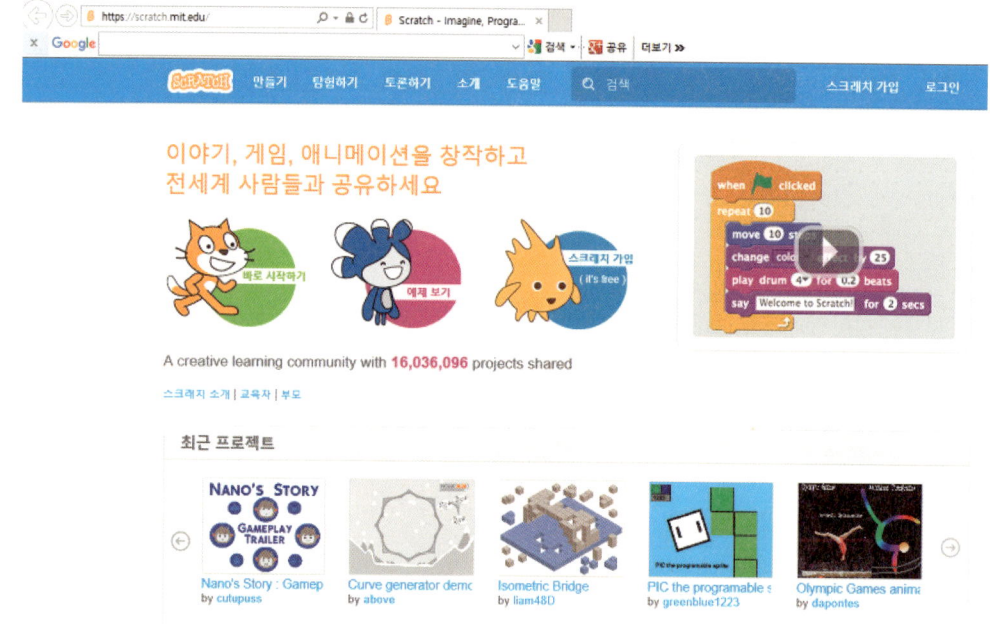

❷ 회원이 아니더라도 [만들기]를 클릭하면 스크래치 프로그래밍이 가능하지만, [스크래치 가입]을 눌러서 회원으로 가입하면 자기 작품을 관리할 수 있습니다. 참고로, 회원 가입 시 청소년은 보호자 동의 과정을 거칩니다.

2. 스크래치 헬로우 예제 프로그래밍

❶ 가입이 완료되면 로그인해서 온라인 스크래치 버전을 사용할 수 있습니다. 가입하지 않았더라도 [만들기] 메뉴를 클릭하면 스크래치 프로그래밍을 할 수 있습니다.

[참고] 영어로 나타날 때는 상단 좌측의 지구본 모양을 클릭하여 한국어로 변경하세요.

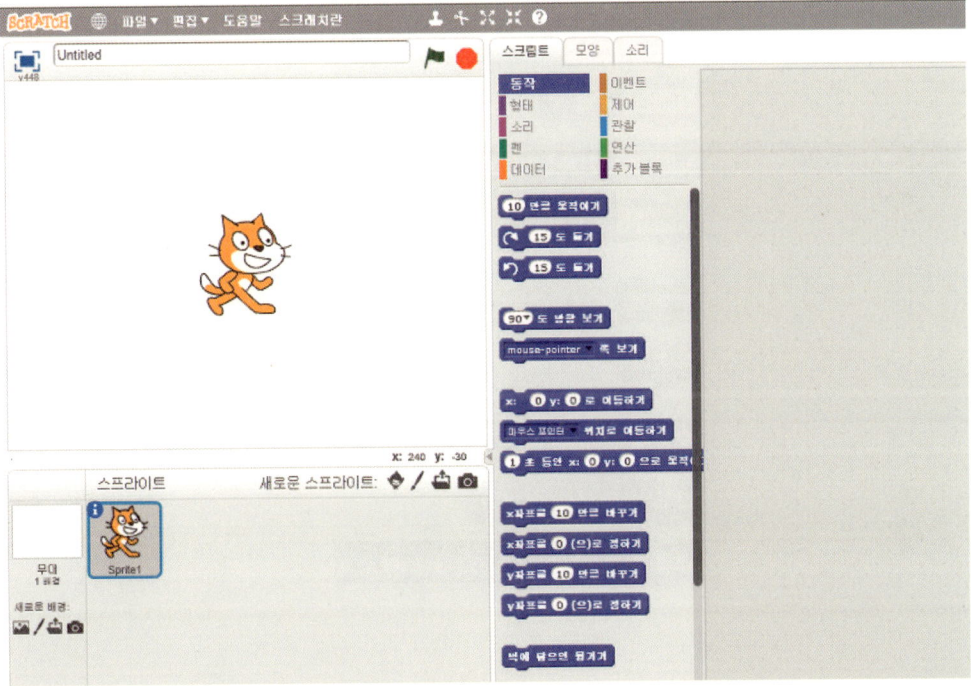

❷ 가운데 고양이 캐릭터가 있는 부분이 동작하는 실행 창입니다. 그 아래쪽 스프라이트라고 적힌 부분의 고양이 캐릭터는 여러 개의 스프라이트가 있을 때 하나를 선택하는 곳인데, 지금은 고양이 캐릭터 하나뿐이니 그대로 둡니다.

❸ 우측에는 다양한 블록이 보입니다. 이러한 블록은 화면 중앙 상단의 [스크립트] 탭을 누른 상태에서 나옵니다. 참고로, [모양]이나 [소리] 탭을 누르면 그림 편집기나 소리 편집기가 나타나는데 지금은 사용하지 않아도 됩니다.

❹ 고양이 캐릭터가 'Hello!'를 외치기 위해서 다음처럼 [형태] 블록을 선택합니다.

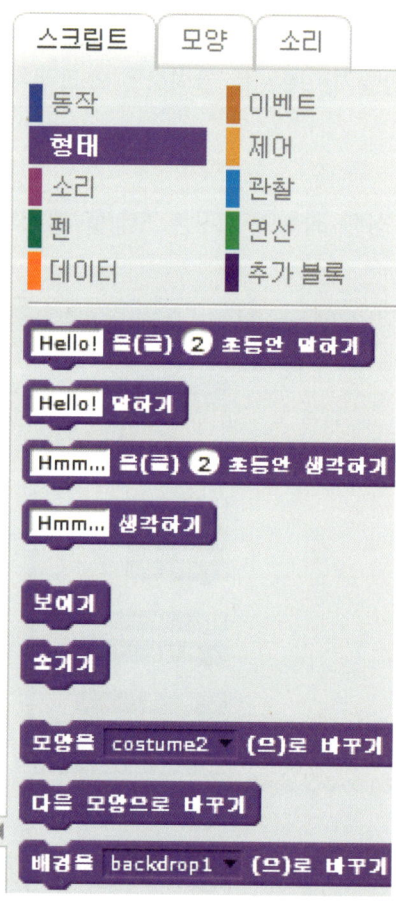

❺ 그리고 [Hello! 말하기] 블록을 드래그(클릭한 상태에서 이동하기)하여 우측 빈 곳 (스크립트 작성 창)에 옮기고, 말하기 블록을 더블클릭하면 고양이가 'Hello!' 인사를 합니다.

다음에는 Hello! 대신에 "안녕!"이라고 바꿔보고 실행해보세요. Hello! 문자열 부분을 클릭하면 해당 글자를 수정할 수 있습니다.

[참고] 녹색 깃발을 눌러서 실행하기
실행 깃발(녹색)을 눌렀을 때 실행되게 하려면 [이벤트] 블록에서 '[녹색깃발] 클릭했을 때' 블록을 가져와서 '말하기' 블록 위에 연결하세요.

부록 II ◆ 스크래치(오프라인 에디터) 다운로드와 설치

1. 스크래치 사이트 접속

❶ 스크래치(Scratch) 홈페이지에 접속합니다.
   https://scratch.mit.edu/

❷ 화면을 아래로 스크롤하고 '오프라인 에디터'(Offline Editor)를 클릭합니다.

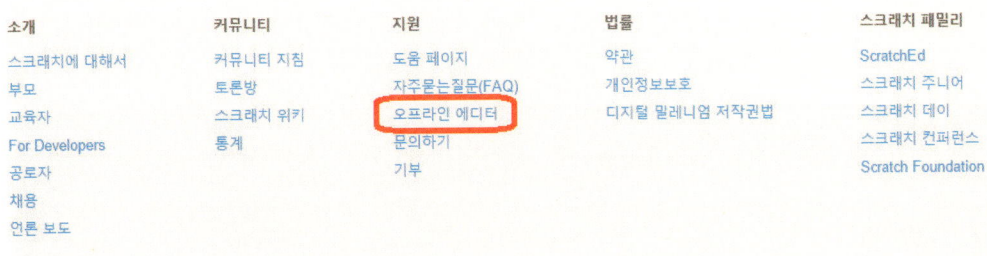

❸ Adobe AIR과 Scratch Offline Editor를 자신의 운영체제에 맞는 버전으로 다운로드하여 설치해야 합니다. 필자는 Windows 운영체제용을 다운로드하여 설치하겠습니다.

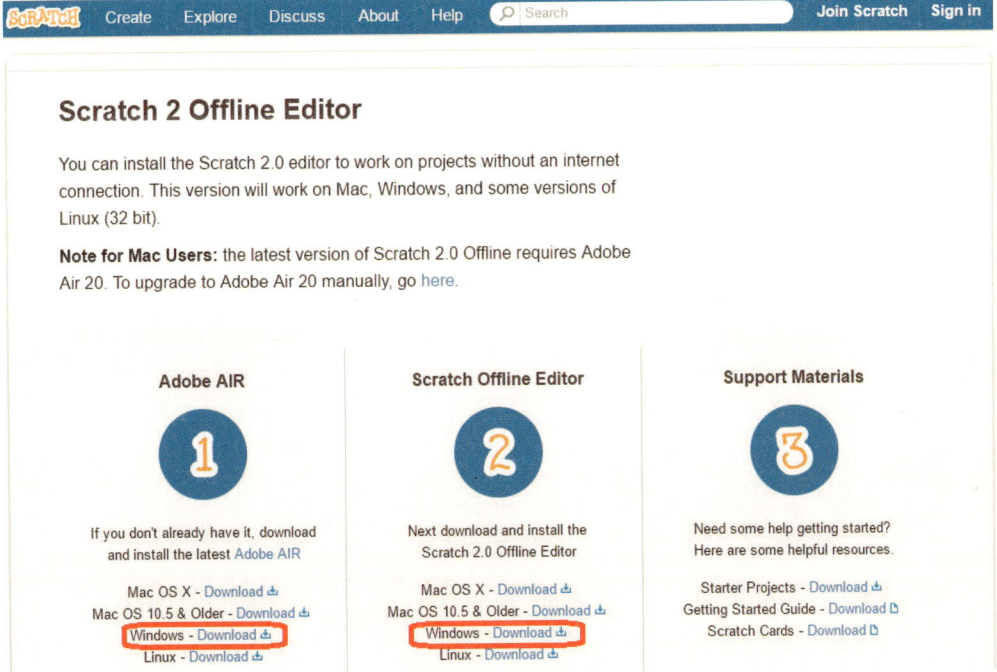

289

2. Adobe AIR 다운로드와 설치

❶ Adobe AIR 다운로드하는 화면입니다. 〈지금 다운로드〉를 클릭하고, 〈저장〉을 클릭합니다(만약 원하는 위치에 다운로드 하려면 〈다른 이름으로 저장〉을 선택합니다).

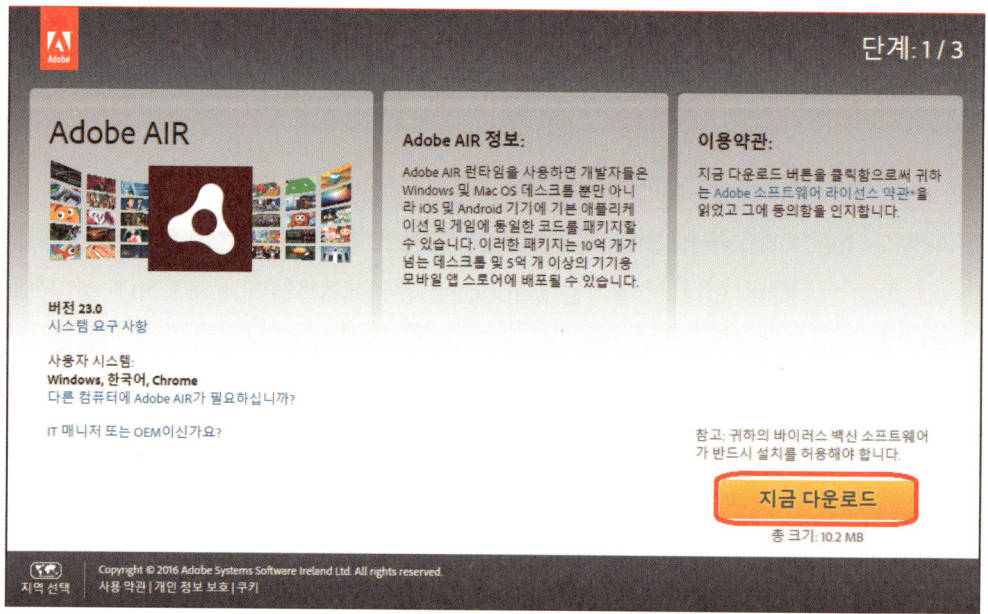

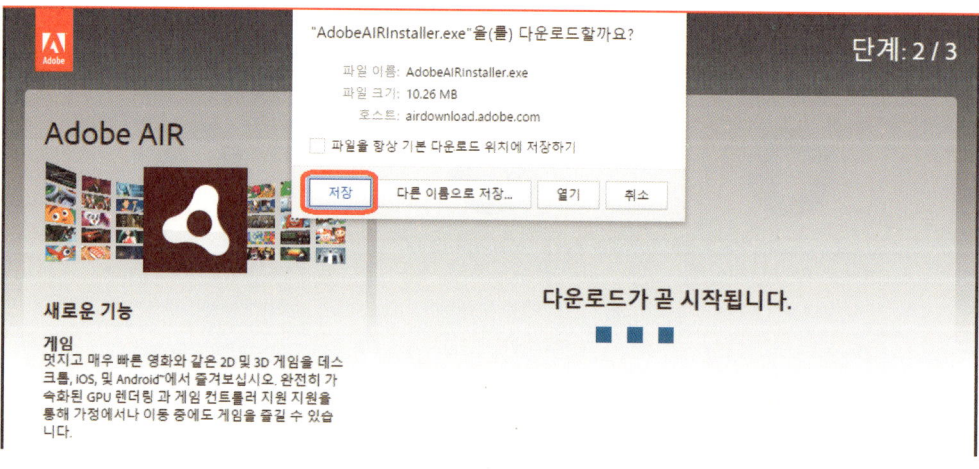

❷ 다운로드 파일을 실행하여(파일에서 우측 클릭 후 관리자 권한) 설치합니다.
설치 화면에서 〈동의함〉을 선택합니다.

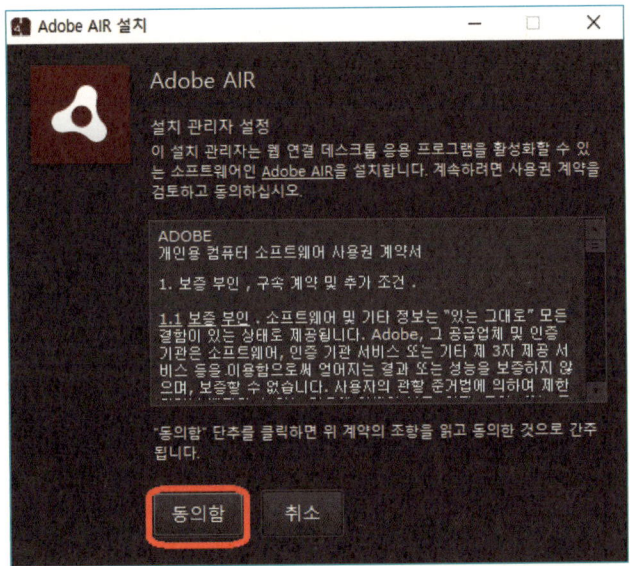

혹시 설치 허용을 묻는 화면이 나타나면 〈예〉를 선택하여 설치를 진행합니다.

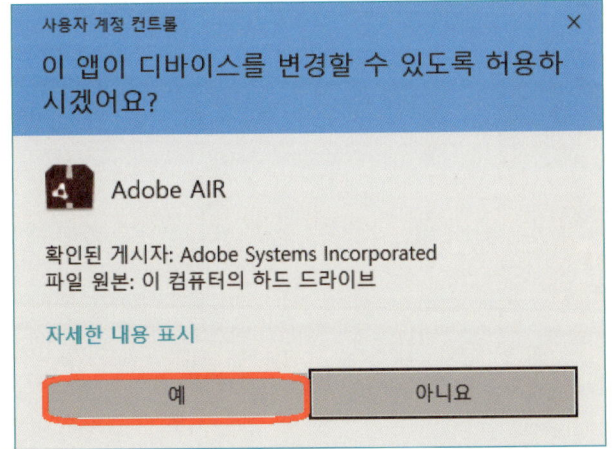

❸ Adobe AIR 설치 완료 창이 나타나면 〈완료〉를 선택합니다.

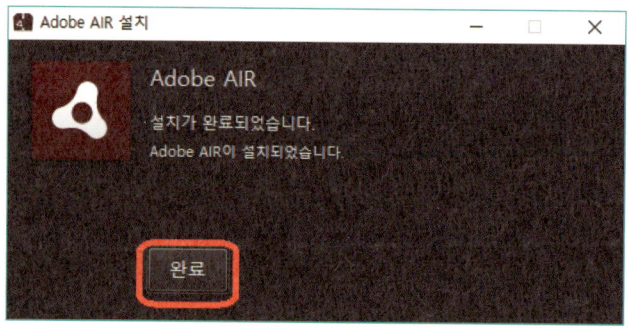

3. 스크래치 오프라인 에디터 다운로드와 설치

❶ 스크래치(Scratch) 홈페이지에 접속하고 다운로드 화면으로 이동합니다.(앞에 소개된 내용 참고하세요).
https://scratch.mit.edu/ 접속 〉 하단의 '오프라인 에디터' 선택

❷ 자신의 운영체제 버전에 맞는 스크래치를 선택하여 다운로드합니다.
예제에서는 Windows 버전으로 진행하겠습니다. 다운로드 창이 나타나면 〈저장〉을 선택합니다.

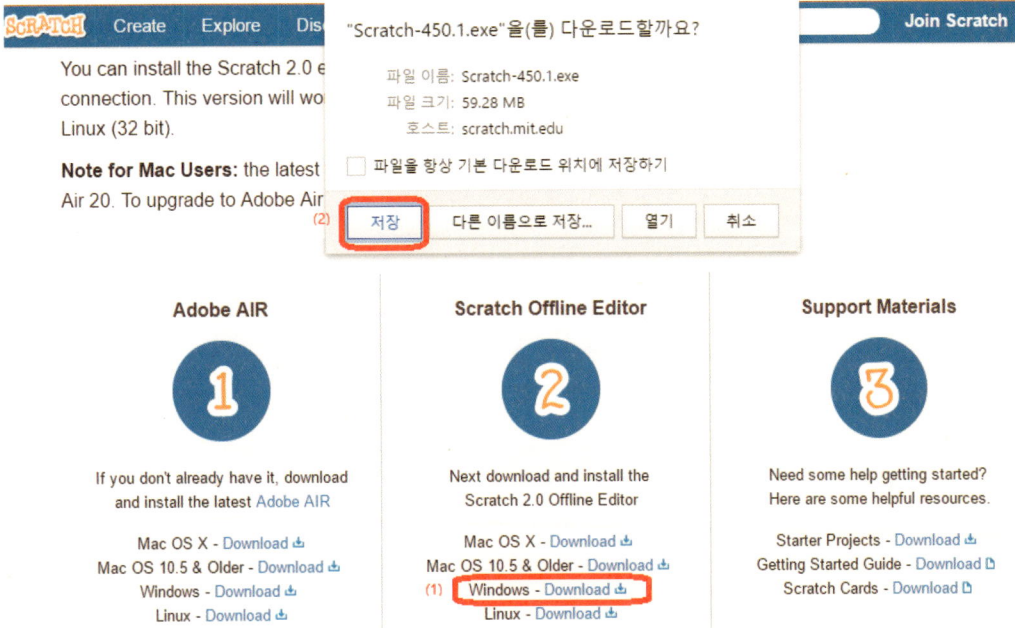

❸ 다운로드한 설치 파일을 실행하고 〈계속〉을 클릭합니다.

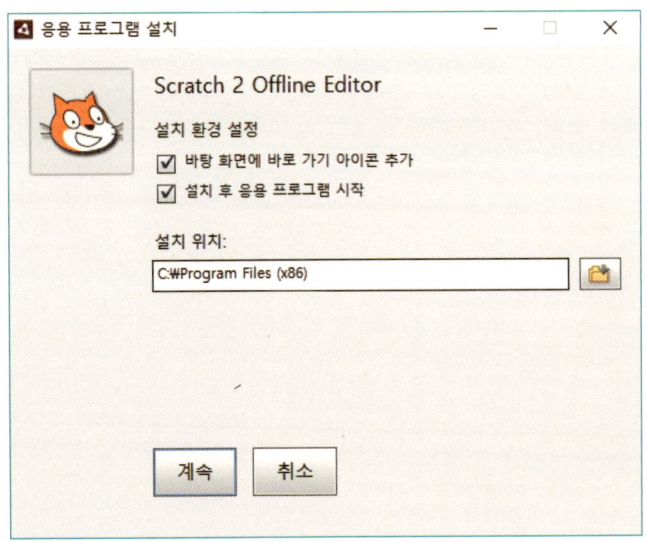

❹ 실행 경고창이 나타나면 〈실행〉, 〈예〉, 또는 〈허용〉 등을 선택하여 계속 진행합니다.

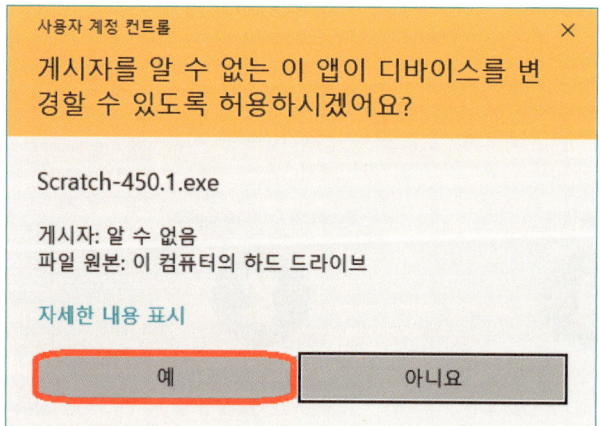

❺ 설치를 진행하는 화면입니다.

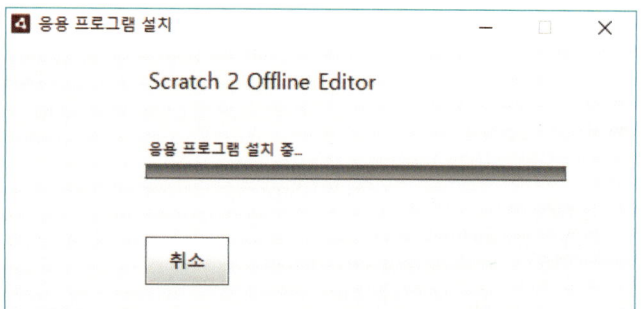

❻ 모두 설치되면 다음처럼 스크래치 오프라인 에디터가 실행됩니다.

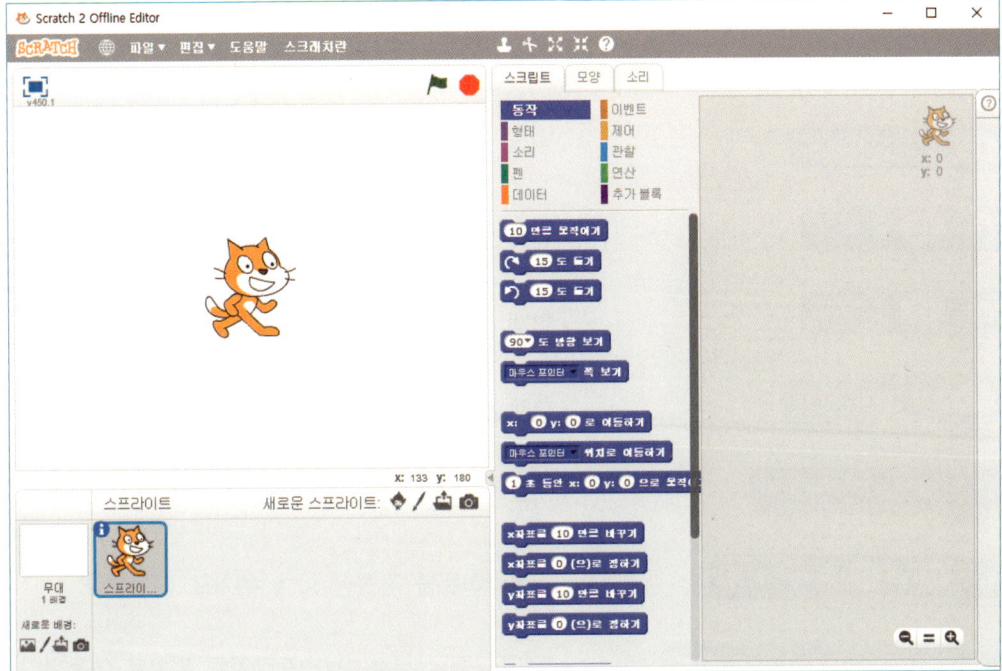

부록 Ⅲ 스크래치 명령 블록 정리

동작 블록

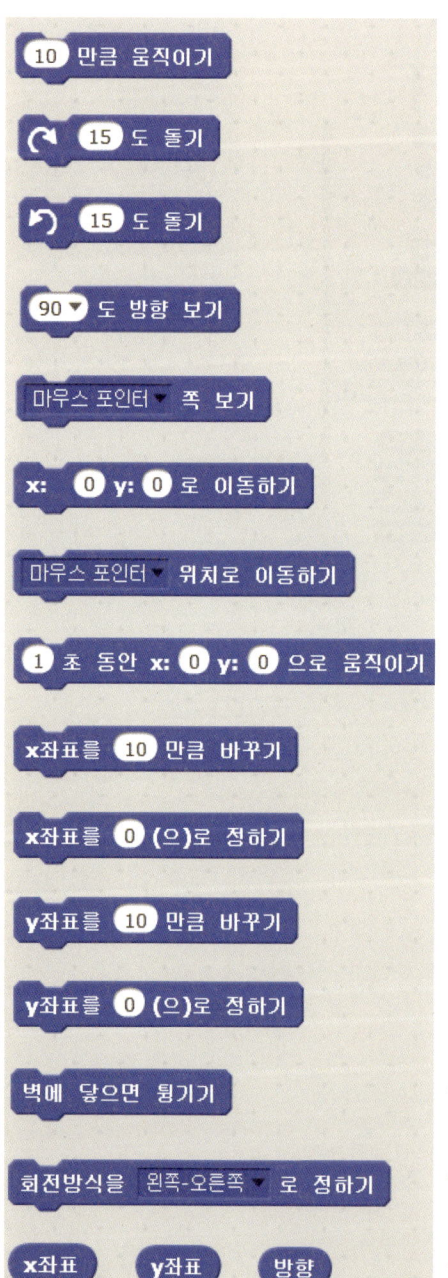

- 현재 방향으로 10씩 이동한다.
- 현재 방향에서 지정한 각도만큼 오른쪽으로 돈다.
- 현재 방향에서 지정한 각도만큼 왼쪽으로 돈다.
- 현재 방향을 지정한 방향으로 정한다.
- 마우스 포인터나 다른 스프라이트를 본다.
- 스프라이트를 지정한 x, y 위치로 이동한다.
- 포인터/랜덤(무작위)/스프라이트 위치로 이동한다.
- 지정한 시간 동안 지정한 위치로 이동한다.
- 스프라이트 x 좌표를 지정한 값만큼 이동한다.
- 스프라이트 x 좌표를 지정한 값으로 바꾼다.
- 스프라이트 y 좌표를 지정한 값만큼 이동한다.
- 스프라이트 y 좌표를 지정한 값으로 바꾼다.
- 스프라이트가 벽에 닿으면 반대로 향하게 한다.
- 스프라이트 회전을 돌기/좌우/고정식으로 정한다.
- 스프라이트 x, y 좌표와 방향 값을 제공한다.

형태 블록

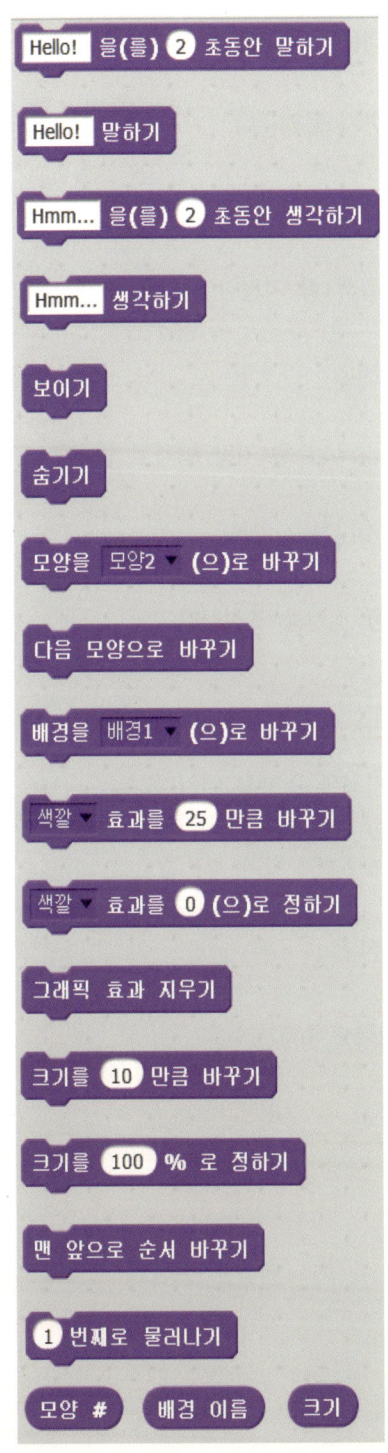

- 지정한 말을 지정한 시간만큼 말풍선으로 보여준다.

- 지정한 말을 말풍선으로 보여준다.
  말풍선을 지우려면 빈칸을 말하자.
- 지정한 말을 지정한 시간만큼 생각풍선으로 보여준다.

- 지정한 말을 생각풍선으로 보여준다.
  생각풍선을 지우려면 빈칸을 생각하자.
- 스프라이트가 나타나게 한다.

- 스프라이트가 사라지게 한다.

- 스프라이트 모양을 지정한 것으로 바꾼다.

- 스프라이트 모양을 다음 것으로 바꾼다.

- 배경을 지정한 것으로 바꾼다.

- 스프라이트 이미지 효과를 바꾼다(-200~200 또는 -100~100).

- 스프라이트 이미지 효과를 정한다(-200~200 또는 -100~100).

- 이미지 효과를 없앤다. 중지 단추를 눌러도 없어진다.

- 스프라이트 크기를 지정한 것만큼 바꾼다(음수, 양수).

- 스프라이트 크기를 지정한 것으로 정한다(0 이상).

- 스프라이트 앞뒤 순서를 가장 앞으로 정한다.

- 스프라이트를 지정한 순서로 물러나게 한다.
  0이 가장 앞이고 숫자가 클수록 뒤로 물러난다.

- 현재 스프라이트 모양, 크기, 배경 이름을 알려준다.

소리 블록

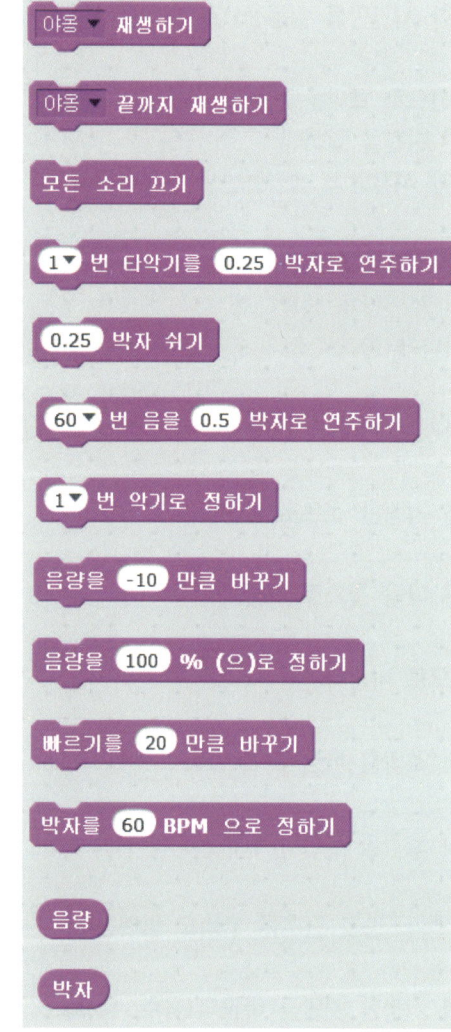

- 지정한 소리를 들려준다(중단될 수 있음).
- 지정한 소리를 끝까지 들려준다.
- 모든 소리 재생을 중지한다.
- 지정한 타악기(18종류)를 지정한 박자로 연주한다.
- 지정한 박자만큼 쉰다.
- 지정한 계음(기본 도=48)을 지정 박자로 연주한다.
- 21종류 악기에서 하나를 지정한다.
- 소리 크기를 지정한 것만큼 조정한다.
- 소리 크기를 바꾼다(0~100).
- 박자의 빠르기를 지정한 것만큼 변경한다.
- 박자를 지정한 BPM(분당 박자 수) 값으로 바꾼다.
- 현재 음량을 알려준다.
- 현재 박자 수를 알려준다.

펜 블록

블록	설명
지우기	• 화면의 그래픽 작업을 지운다.
도장찍기	• 스프라이트 위치에 자신 모양의 도장을 찍는다.
펜 내리기	• 펜을 내려서 그릴 준비를 한다.
펜 올리기	• 펜을 올려서 그릴 수 없게 한다.
펜 색깔을 ■(으)로 정하기	• 펜 색깔을 지정한 색으로 정한다.
펜 색깔을 10 만큼 바꾸기	• 펜 색깔을 지정한 값만큼 바꾼다.
펜 색깔을 0 (으)로 정하기	• 펜 색깔을 무지개 색상 순서로 정한다(0~100).
펜 명암을 10 만큼 바꾸기	• 펜의 진하기를 지정한 값만큼으로 바꾼다.
펜 명암을 50 (으)로 정하기	• 펜의 진하기를 0~100 값으로 정한다(0이 가장 진함).
펜 굵기를 1 만큼 바꾸기	• 펜의 두께를 지정한 값만큼 바꾼다.
펜 굵기를 1 (으)로 정하기	• 펜의 두께를 지정한 값으로 정한다(1 이상).

이벤트 블록

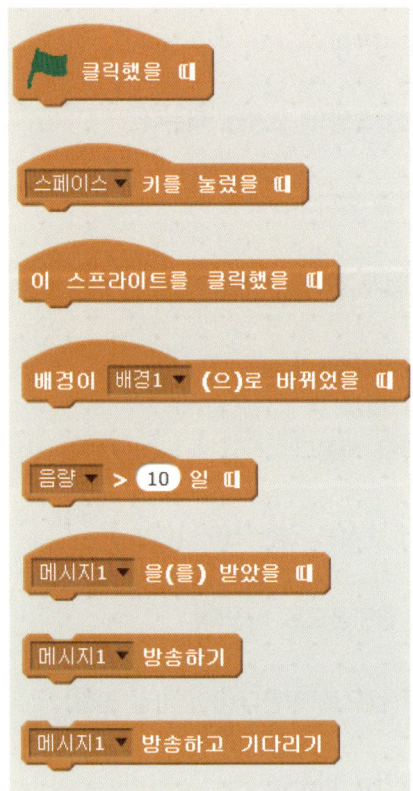

- 실행화면의 녹색 깃발을 클릭하면 동작한다.

- 스페이스 등의 지정한 키를 눌렀을 때 동작한다.

- 스프라이트를 클릭했을 때 동작한다.

- 배경이 지정한 것으로 바뀔 때 동작한다.

- 음량이 지정한 것보다 크면 동작한다.

- 메시지를 전달받을 때 동작한다.

- 메시지를 보낸다.

- 메시지를 보내고 기다린다.

제어 블록

- 지정한 시간 동안 기다린다(0 이상이고 소수점 가능함).

- 지정한 숫자만큼 반복한다(1 이상의 정수이고 0은 반복 안 함).

- 무한정 계속 반복한다.

- 만약 지정 조건이 맞으면 처리한다.

- 만약 지정 조건이 맞을 때와 아닌 경우를 처리한다.

- 지정한 조건까지 기다린다.

- 지정한 조건까지 반복한다.

- 모든 스크립트 동작을 중단한다.

- 자신이 복제본으로 만들어졌을 때 동작한다.

- 나 자신 또는 다른 것을 복제한다.

- 복제본 자신을 삭제한다.

관찰 블록

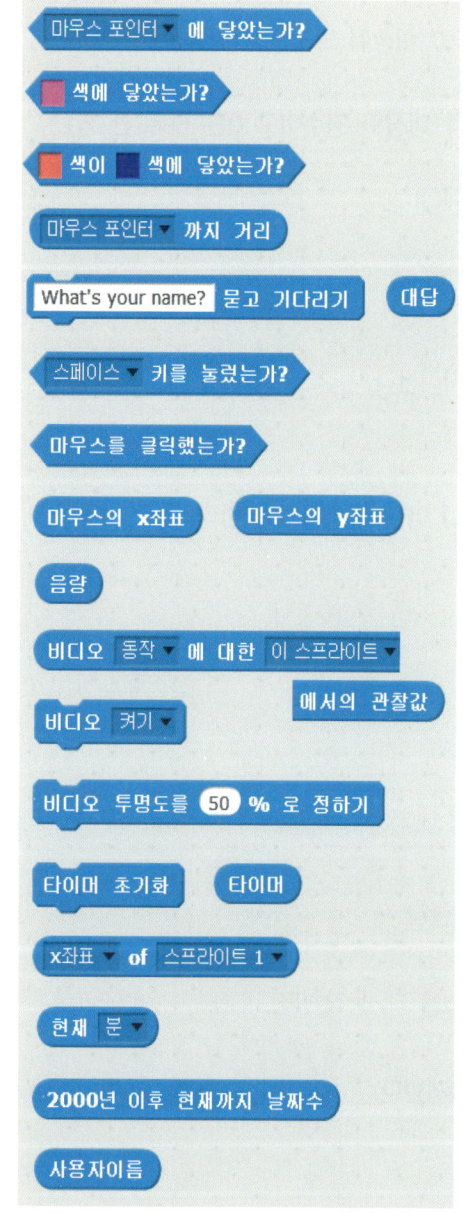

- 스프라이트가 포인터/벽/스프라이트에 닿았나?
- 스프라이트가 지정한 색에 닿았는가? (네모를 클릭하고 원하는 색을 화면에서 선택)
- 지정한 색들이 서로 닿았는가?
- 스프라이트와 포인터/스프라이트까지의 거리
- 질문하고 기다린다. 입력은 '대답'에 저장된다.
- 지정한 키를 눌렀는가?
- 마우스를 클릭했는가?
- 마우스의 현재 x, y 좌표를 알려준다.
- 현재 소리 크기를 알려준다.
- 웹캠 비디오 관찰 값을 알려준다 (동작은 0~100, 방향은 -180~180).
- 웹캠 비디오를 켜거나(그리고 좌우 반전) 끈다.
- 비디오 투명도를 지정한 값으로 정한다(0~100).
- 타이머를 0으로 초기화한다.
  시간은 '타이머'에서 알려준다.
- 무대의 번호/이름/음량 또는 스프라이트의 좌표/방향/크기/음량 등을 알려준다.
- 현재 연/달/일/요일/시/분/초를 알려준다.
- 2000년부터 현재까지의 날짜 수를 알려준다.
- 사용자 이름을 알려준다(온라인 접속 아이디).

연산 블록

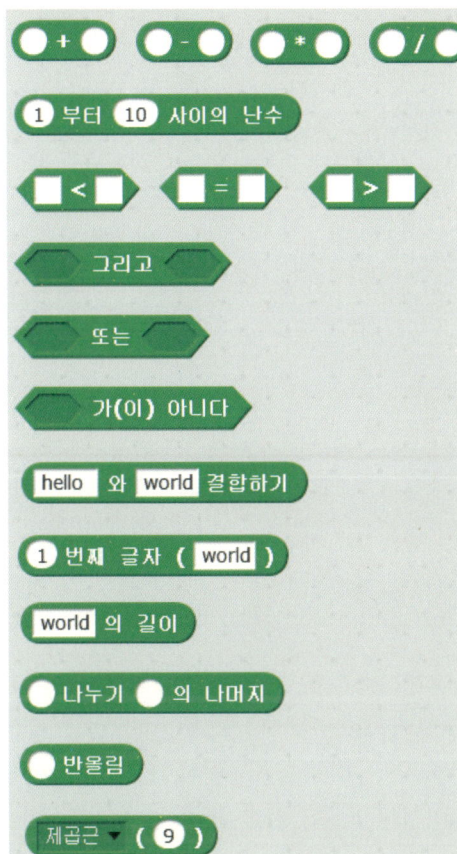

- 더하기/빼기/곱하기/나누기 연산을 한다.
- 난수(무작위 수, random number)를 돌려준다.
- 작은지 같은지 큰지 비교한다.
- 두 조건이 만족하면 참이다.
- 두 조건에서 하나만 만족해도 참이다.
- 지정한 조건의 반대이면 참이다.
- 두 문장을 결합한다.
- 문장(단어)에서 지정한 번째 글자를 돌려준다.
- 문장(단어) 길이를 돌려준다.
- 나머지 값을 돌려준다.
- 반올림 값을 돌려준다.
- 제곱근/내림/올림/삼각함수 등 연산을 한다.